Namık Kemal Sarıtekin
İbrahim Şahin

FPGA'de Yapay Sinir Ağları

AF819444

Namık Kemal Sarıtekin
İbrahim Şahin

FPGA'de Yapay Sinir Ağları

Türkiye Alim Kitapları

Impressum / Künye
Bibliografische Information der Deutschen Nationalbibliothek: Die Deutsche Nationalbibliothek verzeichnet diese Publikation in der Deutschen Nationalbibliografie; detaillierte bibliografische Daten sind im Internet über http://dnb.d-nb.de abrufbar.
Alle in diesem Buch genannten Marken und Produktnamen unterliegen warenzeichen-, marken- oder patentrechtlichem Schutz bzw. sind Warenzeichen oder eingetragene Warenzeichen der jeweiligen Inhaber. Die Wiedergabe von Marken, Produktnamen, Gebrauchsnamen, Handelsnamen, Warenbezeichnungen u.s.w. in diesem Werk berechtigt auch ohne besondere Kennzeichnung nicht zu der Annahme, dass solche Namen im Sinne der Warenzeichen- und Markenschutzgesetzgebung als frei zu betrachten wären und daher von jedermann benutzt werden dürften.

Deutsche Nationalbibliothek tarafından yayınlanan bibliyografik bilgiler: Deutsche Nationalbibliothek, bu yayını Deutsche Nationalbibliografie'de listeler; detaylı bibliyografik bilgi İnternet'te http://dnb.d-nb.de sitesinde mevcuttur.
Bu kitapta bahsedilen herhangi bir marka ve ürün adı, tescilli marka, marka veya patent korumasına tabidir ve ilgili sahiplerin ticari veya tescilli markalarıdır. Marka, ürün, ortak ve ticari adların, ürün açıklamalarının v.s. işbu eserde özel işaretleme olmadan bile kullanılması, bu çeşit adların, tescilli marka ve marka korunması kanunu açısından kısıtlanmamış ve böylece herkes tarafından kullanılabilir olarak hiç bir şekilde yorumlanamaz.

Coverbild / Kitap kapağı resmi: www.ingimage.com

Verlag / Yayıncı:
Türkiye Alim Kitapları
ist ein Imprint der / yayınevinin bir ticari markasıdır
OmniScriptum GmbH & Co. KG
Bahnhofstraße 28, 66111 Saarbrücken, Deutschland / Almanya
Email / E-posta: info@omniscriptum.com

Herstellung: siehe letzte Seite /
Basım yeri: son sayfaya bakın
ISBN: 978-3-639-81377-7

Copyright / Telif hakkı © 2016 OmniScriptum GmbH & Co. KG
Alle Rechte vorbehalten. / Her hakkı saklıdır. Saarbrücken 2016

FPGA'DE YAPAY SİNİR AĞLARI

DR. NAMIK KEMAL SARITEKİN

DOÇ. DR. İBRAHİM ŞAHİN

İÇİNDEKİLER **Sayfa**

ŞEKİL LİSTESİ

Sayfa

ÇİZELGE LİSTESİ

Sayfa

SEMBOL LİSTESİ

$\mathbf{a_i}$	: Giriş katmanı çıkışı
$\mathbf{B_s}$	: Eşik değeri
h	: Katman türü sayısı
j	: Katman türü içindeki element türü sayısı
k	: Katman türü içindeki element türü içindeki katman sayısı
m	: Katman sayısı
$\mathbf{n_i}$	: Giriş değerleri ile ağırlık değerlerinin çarpımlarının toplamı
p	: FPGA ve hafıza sayısı
r	: Sinir hücresi sayısı
$\mathbf{X_i}$	: Girişler
$\mathbf{W_{i,s}}$	: Ağırlık değerleri
$\mathbf{y_i}$	: Çıkış değeri
z	: Çıkış sayısı
α	: Sabit katsayı

KISALTMA LİSTESİ

ABEL	: The Advanced Boolean Expression Language (Gelişmiş Mantıksal Açıklama Dili)
AHDL	: Altera Hardware Description Language (Altera Donanım Tanımlama Dili)
AHPL	: A Hardware Programming Language (Donanım Tanımlama Dili)
ANN	: Artificial Neural Networks (Yapay Sinir Ağları)
ANNGEN	: Artificial Neural Network GENerator (Yapay Sinir Ağlarının VHDL Kodunu Oluşturucu)
ASIC	: Application Specific Integrated Circuits (Uygulamaya Özel Tümdevre)
B	: Bias (Eşik) Değeri
BM	: Bulanık Mantık
CDL	: Computer Design Language (Bilgisayar Tasarım Dili)
CLB	: Configurable Logic Blocks (Yapılandırılabilir Mantıksal Bloklar)
Clk	: Clock (Zaman)
COMP	: Competitive (Rekabetçi)
CONLAN	: CONsensus LANguage (Konsensüs Dili)
CPLD	: Complex Programmable Logic Device (Karmaşık Programlanabilir Mantık Aygıtı)
CPU	: Central Processing Unit (Merkezi İşlem Birimi)
ÇKA	: Çok Katmanlı Algılayıcı
DMA	: Direct Memory Access (Doğrudan Hafıza Erişimi)
DSP	: Digital Signal Processing (Sayısal Sinyal İşleme)
EDA	: Electronic Design Automation (Otomatik Elektronik Tasarım Aracı)
EKG	: Elektro Kardiyo Gram
ESA	: European Space Agency (Avrupa Uzay Ajansı)
F(x)	: Transfer Fonksiyonu
F-CCM	: FPGA-based Custom Computing Machine (FPGA tabanlı Özel Amaçlı Bilgisayarlar)
FFT	: Fast Fourier Transform (Hızlı Fourier Dönüşümü)
FpAdd8	: Floating Point Adder (Kayan Noktalı Toplayıcı)
FPGA	: Field Programmable Gate Array (Alanda Programlanabilir Kapı Dizileri)
FpMult8	: Floating Point Multiplier (Kayan Noktalı Çarpıcı)
GA	: Genetic Algorithm (Genetik Algoritma)
GPS	: Global Positioning System (Küresel Konumlandırma Sistemi)
GY	: Geriye Yayılım
HAL-15	: Hardware Abstraction Layer-15 (Donanım Soyutlama Katmanı-15-Süper Bilgisayar)
HDL	: Hardware Description Language (Donanım Tanımlama Dili)
HLIM	: Hard Limit (Sabit Limit)
HLMS	: Symmetrical Hard Limit (Simetrik Sabit Limit)

IDL	: Interactive Design Language (Etkileşimli Tasarım Dili)
IEEE	: Institute of Electrical and Electronics Engineering (Elektrik ve Elektronik Mühendisliği Enstitüsü)
IOB	: Input/Output Blocks (Giriş Çıkış Blokları)
IP	: Intellectual Property (Fikri Mülkiyet)
ISE	: Integrated Software Environment (Entegre Yazılım Ortamı)
ISPS	: Instruction Set Processor Specification (İşlemci Özelliklerinin Kurulum Talimatları)
LOGS	: Log- Sigmoid (Logaritmik Sigmoid)
LUT	: Look-Up Table (Bakılan Tablo)
NASA	: National Aeronautics and Space Administration (Amerikan Ulusal Havacılık ve Uzay Araştırmaları Merkezi)
PCI	: Peripheral Component Interconnect (Çevre Birimleri Bağlantı Yolu)
PLIN	: Pure Linear (Doğrusal)
RAM	: Random Access Memory (Rastgele Erişimli Hafıza Türü)
RC	: Reconfigurable Computing (Yeniden Yapılandırılabilir Hesaplama)
RTL	: Register Transfer Level description (Transfer Seviye Kayıt Tanımlaması)
SnO_2	: Kalay Oksit
SoC	: System on a Chip (Yonga Üzerinde Sistem)
SOM	: Self Organizing Maps (Kendini Ayarlayan Haritalı Ağlar)
SPLD	: Simple Programmable Logic Device (Basit Programlanabilir Mantık Devresi)
TANS	: Hyperbolic Tangent Sigmoid (Hiperbolik Tanjant Sigmoid)
TBA	: Temel Bileşen Analizi
TEGAS	: TEst Generation And Simulation (Test Üretimi ve Benzetimi)
TI-HDL	: Texas Instruments Hardware Description Language (Texas Aletlerinin Donanım Tanımlama Dili)
US	: Uzman Sistemler
VHDL	: Very High Speed Integrated Circuit HDL (Çok Hızlı Entegre Devre Donanım Tanımlama Dili)
VLSI	: Very Large Scale Integration (Çok Büyük Ölçekli Entegrasyon)
YSA	: Yapay Sinir Ağı, Yapay Sinir Ağları
YZ	: Yapay Zekâ

EKLER LİSTESİ

FPGA'DE YAPAY SİNİR AĞLARI

Dr.Namık Kemal Sarıtekin

Doç. Dr. İbrahim Şahin

ÖZ

Yapay Sinir Ağları (YSA) günümüzde değişik alanlarda çok yaygın bir şekilde kullanılmaktadır. YSA'lar yazılım olarak gerçeklenebildiği gibi yazılım yetersiz kaldığı durumlarda donanım olarak da gerçeklenebilmektedir. Ucuz, esnek, ilk üretimlerinin hızlı ve ölçeklendirilebilir olmaları gibi özellikleri ile öne çıkan Alanda Programlanabilir Kapı Dizileri [Field Programmable Gate Arrays (FPGA)] donanım ortamı olarak tercih edilmektedirler.

Bu çalışmada, Yapay sinir ağları, FPGA, VHDL ile ilgili bilgiler verilmiş ve yapay sinir ağlarının FPGA'ya uygulanmasının otomatikleştirilmesi, bu işlem için uzman gereksiniminin azaltılması ve uygulama sürecinin kısaltılması amacıyla, YSA'lar için otomatik veri yolu tasarımı yapabilen araç [Yapay Sinir Ağlarının VHDL Kodunu Oluşturucu - Artificial Neural Network GENerator (ANNGEN)] açıklanmıştır. Bu kapsamda öncelikle ANNGEN tarafından kullanılan ve yapay sinir hücrelerinden oluşan örnek bir yapay sinir hücresi kütüphanesi oluşturulmuştur. İstenildiğinde yeni hücreler eklenebilme özelliğine sahip kütüphanede hâlihazırda ANNGEN tarafından otomatik olarak tanınabilen altı değişik sinir hücresi bulunmaktadır. ANNGEN girdi olarak oluşturulmak istenen yapay sinir ağının metin tabanlı tanımlamasını, sinir hücresi kütüphanesini ve şablon dosyasını kullanarak, FPGA yongalarına uygulanabilecek formatta tasarlanmak istenen YSA için bir sayısal tasarım yapar ve VHDL [Very High Speed Integrated Circuit HDL (Çok Hızlı Entegre Devre Donanım Tanımlama Dili)] kodunu üretir.

ANNGEN'i test etmek amacıyla iki test durumu oluşturulmuş, ANNGEN bu test durumları ile test edilmiş ve başarılı bir şekilde oluşturulmak istenen YSA'lar için VHDL kodunu ürettiği gözlenmiştir. Üretilen kodlar EDA [Electronic Design Automation (Otomatik Elektronik Tasarım Aracı)] aracı olan Xilinx'in ISE [Integrated Software Environment (Entegre Yazılım Ortamı)] aracı ile önce yazım kontrolünden geçirilmiş ardında da sentezlenerek RTL [Register Transfer Level description (Transfer Seviye Kayıt Tanımlaması)] şeması başarılı bir şekilde oluşturulmuştur.

Bu çalışmanın sonuçlar bölümünde metin tabanlı YSA tanımlaması verildiğinde ANNGEN sayesinde istenen YSA için veri yolunun saniyeler içinde otomatik olarak tasarlanabildiği ve VHDL kodunun üretilebildiği açıklanmıştır. Dolayısıyla ANNGEN sayesinde donanım tabanlı YSA tasarım süreci çok kısaltılmış ve bu işlem için uzman personel gereksinimi ortadan kaldırılmıştır.

Anahtar Kelimeler : ANNGEN, FPGA, VHDL, YSA.

ARTIFICIAL NEURAL NETWORK ON TO FPGAs

Dr.Namık Kemal Sarıtekin

Doç. Dr. İbrahim Şahin

ABSTRACT

Nowadays, Artificial Neural Networks (ANN) is a widely used in different applications. Although, ANN can be implemented as software, in cases where software implementations are not sufficient in terms of performance, ANN can be implemented as hardware. In hardware implementations, Field Programmable Gate Arrays (FPGAs) are preferred as cheap, flexible, scalable and faster first manufacturing alternative compared to the other hardware implementation techniques.

In this study, knowledge about ANN, FPGA, VHDL was given and a data paths design tool [Artificial Neural Network GENerator (ANNGEN)] developed was explained to help automate the application of ANNs to FPGAs, to reduce the design and implementation time and to minimize the expert requirements while mapping ANNs to FPGAs. With these goals in mind, first an artificial neuron library having designs for six different neurons was developed. As new neurons are designed, they can easily be added to the library and these new neurons are automatically recognized by ANNGEN and used if needed. ANNGEN takes three inputs which are text based definition of the ANN (NetList) to be mapped, a library and a template file in order to design a data path for the given NetList, and then, produce a VHDL (Very High Speed Integrated Circuit Hardware Description Language) code for the design.

Two different test cases were formed to test ANNGEN, it was tested with these test cases and it is observed that ANNGEN was able to successfully made designs and produced VHDL codes for the given test cases. Xilinx ISE (Integrated Software Environment) tool was used to verify correctness of the design and VHDL code produced by ANNGEN. First, Syntax checks of the VHDL codes were done. Then, the codes were synthesized and RTL (Register Transfer Level description) schematics were formed successfully.

When a Net-List of an ANN is given to ANNGEN, it can easily design a data path for the given Net-List and produce VHDL code automatically in seconds in the conclusion part of this study. As a result, ANNGEN reduced the time needed for ANN data path design and VHDL coding dramatically, and eliminated the expert requirement.

Key Words : ANNGEN, FPGA, VHDL, Neural Networks.

1. GİRİŞ

İnsanlar her zaman geleceği merak etmiş, meydana gelecek olayları ve nesneleri önceden haber almak için birçok yönteme başvurmuşlardır. Geçmişte, bazen yıldızlardan, bazen doğa olaylarından geleceği tahmin etmeye çalışmışlardır. Zamanın ilerlemesi ile geçmişteki yöntemlerin yerlerini matematiksel işlemler ve bilgisayarlarla hesaplamalar almıştır. Varolan kaynaklardan hareketle bilinmeyen bir hedefi basit ve anlaşılır bir hale getirmek için yapılan işlemler bütününe modelleme ve modelleme sonucu çıkan ürüne model denir. Örneğin, fizikte modelleme; görseldir, zaman sınırlamaz, ekonomiktir, güvenilirdir, iletişim aracıdır, test aracıdır, tekrarlanabilir, düşündürür ve zaman kazandırır. İnsanoğlu doğadan ilham alarak değişik modellemelerle değişik modeller geliştirmişlerdir. Benzer şekilde lineer olmayan problem çözümleri için insan sinir ağları da yapay sinir ağları olarak modellenmişlerdir.

Yapay Zekânın (Artificial Intelligence) bir uygulaması olan Yapay Sinir Ağları [YSA – Artificial Neural Network (ANN)] son yıllarda geleceği öngörmede, örüntü tanımada, verilerin yorumlanmasında, optimizasyon işlemlerinde, doğrusal (lineer) olmayan (non-lineer) fonksiyon yaklaşımlarında ve birçok değişkene bağımlı zaman serilerinin tahmin edilmesinde önemli bir araç olmuştur. YSA bugün fizik, matematik, elektrik ve bilgisayar mühendisliği gibi çok farklı bilim dallarında araştırma konusu haline gelmiştir. Özellikle mühendislik alanında kolaylıkla uygulanabilmeleri nedeniyle YSA'lara ilginin her geçen gün arttığı görülmektedir. Aslında mühendislik uygulamalarında YSA'nın geniş çaplı kullanımının en önemli nedeni, klasik tekniklerle çözümü zor problemler için etkin bir alternatif oluşturmasıdır.

Çağımızda teknolojik gelişmeler, özellikle bilgisayar dünyasında, çok hızlı olduğundan takip etmekte zorlanılmaktadır. Kısa zamanda yapılması gereken hesaplamaların hızlı yapılması, bilgiye erişimin hızlanması, en küçük (mikro) ve en büyük (makro) âlemlerin incelenmesi v.b. konularda bilgisayarlar kolaylıklar sağlamışlardır. Bütün bunlara rağmen beynin bilgisayardan daha verimli çalışmasının nedeni uzun yıllar merak konusu olmuş ve bilim adamlarını beynin çalışma sistemini incelemeye yönlendirmiştir.

Nano saniyeler bazındaki işlem hızları ile YSA'lar, mili saniyeler mertebesindeki işlem hızları ile işlem yapan insan beyninin işlevselliğinin henüz çok uzağındadır. Yapılan incelemeler sonucunda insan beyni ile bilgisayarlar arasındaki farklılığın bilgilerin işlenme şeklinden kaynaklandığı ortaya çıkmıştır. Örneğin, insan beynindeki sinirler bilgileri paralel olarak işlemektedir. Bu gerçekten yola çıkılarak yapılan çalışmalarda bilgilerin paralel işlenerek çalıştığı modeller, araçlar ve makineler tasarlanmıştır. Sonunda insan davranışlarını modelleyebilecek akıllı sistemlerin kurulması için YSA, Bulanık Mantık (BM), Uzman Sistemler (US) ve Genetik Algoritma (GA) gibi yöntemler geliştirilmiştir.

İnsan beyninde doğal olarak var olan sinir hücrelerinin matematiksel olarak taklit edilmesiyle üretilen modele yapay sinir ağları denir. Hâlihazırda geliştirilen YSA modelleri insan beyninin değil tamamını, küçük bir kısmını dahi, tam olarak taklit edebilmekten uzaktırlar. Buna rağmen YSA'lar, elektrokimyasal olarak çalışan sinir hücrelerinden çok daha hızlı çalışabilme, yorulmama gibi avantajları nedeniyle odaklanmış olduğu problem için sonuç üretmede çok daha başarılıdır. YSA'lar da insan beyni gibi hata yaparak öğrenir, hatasını minimum değere indirmeye çalışır ve bir problem için bir kez eğitildikten sonra çok hızlı şekilde sonuca ulaşırlar. Bu öğrenmelerde bazen bir değişkenin gelecekteki değerini tahmin edebilmek için aynı değişkenin geçmişteki değerlerinin kullanıldığı teknik analiz yöntemi, bazen de, değişkeni etkileyen diğer değişkenlerin dikkate alındığı temel analiz yöntemi uygulanabilir.

YSA'lar yazılım (software) olarak modellendiğinde çok CPU [Central Processing Unit (Merkezi İşlem Birimi)] gücü gerektirir. Özellikle gerçek zamanlı uygulamalarda, anında YSA çıkışının hesaplanması gerekir. Bu amaçla birçok alternatif yöntem geliştirilmiştir. Bunlardan bir tanesi de yeniden yapılandırılabilir hesaplama (RC-Reconfigurable Computing) sistemi kullanımıdır.

RC sistemleri genel amaçlı bir bilgisayara eklenmiş programlanabilir FPGA yonga ya da yonga setlerinden oluşur. Bu sistemlerde programların yoğun kısımları özel olarak tasarlanmış modüller sayesinde FPGA yongaları üzerinde çalıştırılır. Çünkü FPGA'lar paralel işlem yapma ve yeniden yapılandırılabilme özelliklerine sahiptirler. YSA'lar paralel işlem yaptıklarından çok hızlı çalışan paralel işlemcilere ihtiyaç duyarlar.

Değişik problemler için esnek, değişebilen katmanlara ve farklı transfer fonksiyonlu modellere sahip olmalıdırlar. YSA'nın içindeki hesaplamalar yüklü miktarda CPU gücü ve paralel hesaplama gerektirmektedir. Bu hesaplamalar FPGA da kolay olarak yapılabilmektedir. Diğer taraftan bir YSA'nın FPGA'ya uygulanması zaman alan ve uzman gerektiren bir iştir.

Şekil 1.1'de, bir YSA tasarımının FPGA'da gerçeklenmesi için izlenecek adımlar görülmektedir. Burada en önemli adım, YSA'nın bir sayısal devre olarak tasarlanması ve uygun bir donanım tanımlama dili [Hardware Description Language (HDL)]'nde kodlanmasıdır. Bu aşama uzman personel ve zaman gerektiren bir süreçtir.

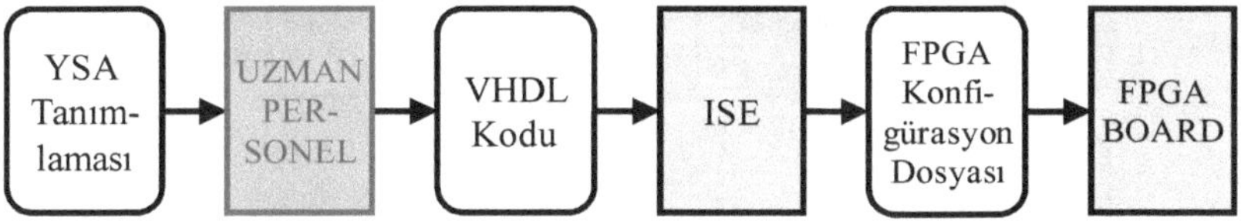

Şekil 1.1: Klasik tasarım akışı

Yapay sinir ağlarının FPGA'ya uygulamasında veri yolu tasarımı otomatikleştirilerek, uzman gereksinimi azaltılıp ve uygulama süreci kısaltılabilir.

Bu amaçlar doğrultusunda, Yapay Sinir Ağları'nın otomatik olarak FPGA'lara uygulanmasına yardımcı olacak bir tasarım aracı ANNGEN [Artificial Neural Network GENerator (Yapay Sinir Ağlarının VHDL Kodunu Oluşturucu)] tasarlanmıştır (Şekil 1.2).

ANNGEN girdi olarak; metin tabanlı YSA tanımlamasını (NetList), tanımlaması yapılmış hâlihazırda kullanılabilecek sinir hücrelerinin listelendiği kütüphaneyi (Library), sinir hücrelerinin tanımlamasını ve VHDL [Very High Speed Integrated Circuit HDL (Çok Hızlı Entegre Devre Donanım Tanımlama Dili)] kodu yazımında gerekli diğer bazı şablonların bulunduğu şablon dosyasını (Template) alır. Sonuçta, verilen NetList'e uygun YSA tasarımı için gerekli VHDL kodunu oluşturur.

ANNGEN C++ yazılmıştır. Veri yapısı olarak altmış sekiz satırlık dokuz bölümden ve C++ programı da dört yüz otuz bir satırlık on dokuz fonksiyondan oluşmaktadır.

Kütüphane dosyasında FPGA'da çalışan altı tane farklı transfer fonksiyonlu sinir hücresi bulunmaktadır. Burada tanımlanan sinir hücrelerinin VHDL kodları şablon dosyasında kullanılmıştır. Oluşturulmak istenen yapay sinir ağı için örnek NetList dosyası yazılmış ve ANNGEN çalıştırılarak yapay sinir ağının VHDL kodu yazdırılmıştır. Bu VHDL kodu Xilinx ISE Design Suite 12.1_1 Virtex5 yongasında çalıştırılmıştır. Böylece yeni bir YSA tasarım yöntemi geliştirilmiştir.

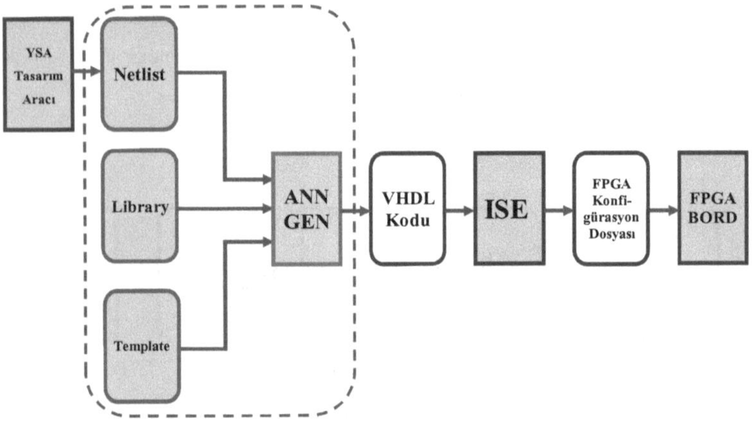

Şekil 1.2: Hedeflenen tasarım akışı

Kitabın birinci bölümü YSA ve ANGEN ile ilgili genel bilgilerin verildiği giriş bölümüdür. Kitabın ikinci bölümünde; YSA'nın yapısı, genel özellikleri, uygulama alanları ve YSA'da öğrenme, FPGA yongaları, avantajları, uygulamaları, FPGA'da tasarım, programlama FPGA da yapılan YSA uygulamaları ve VHDL anlatılmıştır. Üçüncü bölümünde; değişik transfer fonksiyonlarına sahip YSA'lar için FPGA'ya uygun VHDL kodları yazılarak kütüphane oluşturulmuştur. Yine bu bölümde YSA'nın FPGA'ya uygulanabilmesi için gerekli veri yolunu tasarlayacak ANNGEN programı yazılmıştır. Dördüncü bölümde ise örnek iki test durumu için ANNGEN'in test edilmesi anlatılmıştır. Son bölümde de ANNGEN'in çok kısa sürede kullanılacak YSA'nın VHDL kodunu yazdığı anlatılmıştır.

2. ÖN BİLGİ VE DİĞER ÇALIŞMALAR

2.1. YAPAY SİNİR AĞLARI

Nörolog Donald Hebb (1949), bugünün sinir ağı teorisinin babası olarak bilinir. Hebb, beynin en temel birimi olan sinir hücresini ve sinir hücreleri arasındaki ilişkileri araştırıp, beynin nasıl öğrendiğini anlamaya çalışmıştır. Şu an bile, beynin nasıl bir çalışma sergilediği teoriler yardımıyla kısmen açıklanabilmektedir. Şimdiye kadar elde edilen bilgiler ışığında gerçek yaşamda kullanılan ve başarı oranı %99'lar ile ifade edilegelen bir sürü yapay sinir ağı modeli mevcuttur. Tüm geliştirilen YSA benzeri modeller bilgisayar dünyasında "np (nondeterministic polynomial time = belirsiz Turing Makinesi ile çokterimli (polinomsal) zamanda çözülebilen karar problemlerini içeren karmaşıklık sınıfıdır) karmaşık" olarak nitelendirilen veya "çözümsüz" problemlerin çözümünü hedeflemekte ve hatta bir kısmını başarıyla çözebilmektedirler. (Fausett L.,1994)

2.1.1. Sinir Hücreleri ve Sinir Ağları

Yapay Sinir Ağları (YSA) beyni oluşturan sinir hücrelerini (nöron) matematiksel olarak taklit ederek akıllı bir sistem oluşturmaya çalışan bir yapay zekâ yöntemidir. Bir diğer ifadeyle YSA biyolojik sinir ağlarını taklit eden bilgisayar programlarıdır (Elmas, 2003). Yapay sinir ağları henüz biyolojik beyni tam anlamıyla taklit etmekten bir hayli uzaktır. Buna rağmen sinir hücreleri kimyasal olarak çalıştıklarından tepki hızları elektriksel olarak çalışan günümüz bilgisayarlarına göre oldukça yavaştır. Bu da bize bilgisayarların insan beynine göre özellikle belirli bir konuda sonuca ulaşmada ve hesaplamalarda daha üstün olduğunu göstermektedir.

İstatistikte veya zaman serilerinde tüm girdiler ve çıktılar sıralı işlenmesine rağmen YSA'da bu bilgiler paralel olarak işlenmektedirler. YSA mimarisini ışığı renklerine ayıran ışık prizmasına benzetebiliriz. YSA şebekesi de mimari ve matematiksel işlemler ile gelen verileri basit bileşenlerine ayırdıktan sonra bunları istenen çıktılara uygun olacak şekilde yeniden birleştirir. YSA, bir nehrin belli bir noktasından karşı kenardaki belli bir noktayı birleştiren köprü planına benzer. Bu planın içinde köprünün inşası, işletilmesi ve fayda sağlanmasına ait bilgiler bulunmaktadır. Durulan sahildeki bilgiler girilen bilgileri, karşı kenardaki bilgiler çıktıları ve bu ikisi arasındaki köprü de YSA mimarisini temsil eder. Köprüdeki kiriş, kolon, döşeme, kablo, vb kısımlar arasında matematiksel ve fiziksel kurallara göre yapılan bağlantılar gibi, YSA'larda da hücreler ve tabakalar arasında benzer bağlantılar kurulur (Şen, 2004).

2.1.2. İnsan Beyni

İnsan beyninin işlevleri henüz tam olarak keşfedilememiştir. Yapılan çalışmalarla, Şekil 2.1 ve Çizelge 2.1'de görüldüğü gibi, beynin hangi bölgesinin hangi göreve sahip olduğu yaklaşık olarak bulunmuştur. Bu ise başın bir bölgesinden hasar alan insanlardaki değişiklerin gözlenmesi ve ayrıntılı olarak yapılan tomografik taramalar ile belirlenmiştir (Şen, 2004).

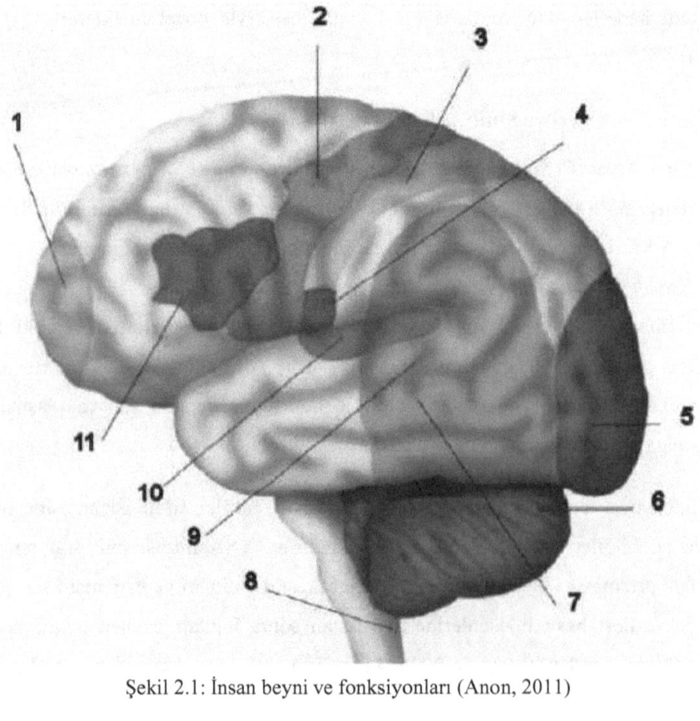

Şekil 2.1: İnsan beyni ve fonksiyonları (Anon, 2011)

Beynin haberleşme sistemini oluşturan sinirler, sinyal alma, işlem yapma ve elektrokimyasal sinyallerin sinir ağları içinde iletimleriyle görevlidirler.

İnsan beyni ortalama olarak 1,5 kg ağırlığındadır (Şenel, 2003). İnsan beyninin çalışma frekansı 100 hz (hertz)'dir (Elmas, 2007). Eğer bir insanın her saniye 600 bitlik yeni bilgi kayıt ettiğini düşünürsek, bu saatte yaklaşık 265 kbyte (kilobyte) günde de yaklaşık 6,5 Mbyte (Megabyte) eder. Bu bilgilerle insan beyninin hafıza kapasitesi dolmaz. Araştırmalara göre insan beyni ile aynı kapasiteye sahip bir bilgisayar yapılacak olsa 300 trilyon dolardan fazlaya mal olacaktır (Anon, 2011a). Yine bu makinenin çalışabilmesi için 1 trilyon Watt'lık enerjiye ihtiyaç olacaktır ve hacmi de elbette kafatasından binlerce kat büyük olacaktır. Çizelge 2.2'de insan beyni ile bilgisayarın karşılaştırılması yapılmıştır.

Çizelge 2.1: Beynin bölgelere göre fonksiyonları

Bölge	*Fonksiyonu*
1	*Prefrontal Korteks*: Zekâ, öğrenme, kişilik bölgesi
2	*Motor Bölge:* Karmaşık hareketlerin eşgüdümü ve istemli hareketler
3	*Duyusal Bölge*: Dokunma duyusu bilgilerinin işlenmesi
4	Tat bölgesi
5	Görme bölgesi
6	*Beyincik*: Denge bölgesi
7	Genel yorumlama bölgesi
8	*Omurilik*
9	*Dil Bölgesi*: Dil anlayışından sorumlu Wernicke bölgesi
10	İşitsel bölge
11	*Konuşma Merkezi*: Konuşmanın üretiminden sorumlu Broca bölgesi

2.1.3. Biyolojik Sinir Hücresi

İnsan beyninde, tahminen 100 milyar kadar sinir hücresi, hücre başına bağlantı sayısı 10^4 mertebesinde ve $60x10^{12}$ (60 trilyon) da sinaps bulunmaktadır (Freeman ve Skapura, 1991). Bu rakamın ne kadar büyük olduğunu anlamak için, kafatasımızın içindeki sinir hücrelerinin sayısı yaklaşık olarak Samanyolu'ndaki yıldız sayısı kadardır diyebiliriz. İnsanın bilişsel davranışlarının (öğrenme, hatırlama, düşünme, algılama gibi) temelinde sinir hücreleri bulunmaktadır (Kandel, 1991). Sinir hücreleri, sinir sisteminin temel işlem elemanlarıdır. Şekil 2.2'de, görüldüğü gibi, sinir hücresi; çekirdek (nucleus), dendritler, aksonlar (axon) ve sinapsler (synapse) olmak üzere dört temel parçadan meydana gelir. Bu organellerin görevleri Çizelge 2.3'te görülmektedir. Hücrenin çekirdeği ile herbir dendrit arasında farklı bir iletişim söz konusudur. Bu sebeple bazı dendritlerin etkileşimde ağırlıklı (dominand) pay sahibi, diğerlerinin de pasif (resesif) olduğu gözlenmektedir. Bu ise dışarıdan alınan sinyallerde seçicilik gibi önemli bir olgunun sinir hücresi tarafından gerçekleştirilmesi anlamını taşımaktadır. Dendritler, diğer hücrelerden aldığı bilgileri hücrenin çekirdeğine iletir. Eğer bir iş yapılacaksa üretilen çıkış darbesi aksonlar tarafından taşınarak diğer nöronlarla olan bağlantılara veya terminal organlara iletilir. Yani aksonlar elektriksel darbeler şeklindeki bilgiyi hücreden dışarı taşıyan organellerdir. Aksonların bitimi, ince yollara ayrılabilir ve bu yollar diğer hücreler için dendritleri oluşturur. Buradaki bağlantı elemanına da sinaps denir (Fırat ve Güngör, 2004).

Aksondan gelen toplam bilgiler sinaplerde ön işlemden geçirdikten sonra diğer sinir hücrelerinin dendritlerine iletir. Sinapse, gelen toplam sinyalin, belli bir eşik değerine göre değiştirilmesinden ibaret olan ön işlem çok önemlidir. Yani toplam sinyal belli bir aralığa indirgenerek diğer sinir hücrelerine iletilir. Bu açıdan, her gelen sinyaller ile dendrite iletilen sinyaller arasında bir korelasyon (ilişki) oluşturulur. Bu bilgilere dayanarak "öğrenme" işleminin sinapslerde gerçekleştiği hipotezi ortaya atılmış ve bu hipotez, günümüz yapay sinir ağı dünyası için teori haline dönüşmüştür. Bu teoriye göre yapay sinir ağı modelleri üzerindeki "öğrenme", sinapsler ve dendritler arasında yer alan ağırlık katsayılarının güncellenmesi olarak algılanmaktadır. Bir diğer ifade ile sinir hücreleri arasındaki iletişim sinapslar yardımıyla elektro-kimyasal olarak gerçekleştirilir. Alıcı durumunda bulunan sinir hücresindeki kimyasal faaliyet, bazı iyonların (Na ve Ca gibi) daha kolay geçmesini sağlayacak şekilde zarın geçirgenliğini değiştirir. Uyarıcı (genellikle bir gerilim düşmesidir) durumda, hücre zarının geçirgenliğinin değişmesi sonucunda hücre içerisine daha kolay akan pozitif iyonlar, sinir hücresinin de-polarize olmasını sağlar ve hücrede sinirsel bir akımın başlamasına yol açar. Engelleyici durumda ise, negatif iyonlar sinir hücresini daha da polarize ederek sinirsel akımın durmasını sağlarlar (Cooper, 2011). Şekil 2.3'te, sinir sistemine gelen uyarıların alıcılar tarafından alınması, sinir ağı ile beyne bildirilmesi ve çıktı sinyalinin ileticilerle gideceği adrese gönderilmesi gösterilmiştir.

Kısaca, sinirler duyu organlarından aldıkları bilgiyi (girdi sinyalini) işleyip bir sonraki sinire aktararak sinyalin merkezi sinir sistemine (beyine) kadar ulaşmasını sağlar. Merkezi sinir sistemi bu sinyalleri alıp yorumladıktan sonra tepki sinyallerini üretir. Bu sinyaller de tepkilerin oluşacağı organlara tepki sinirleri vasıtasıyla iletilir. Bu sayede duyu organlarından gelen bilgilere karşı tepki organlarına uygun işaretler sinir sistemi vasıtasıyla yollanır.

Çizelge 2.2: İnsan beyni ve bilgisayarın karşılaştırılması

	Beyin	**Bilgisayar**
İşlem Gücü	Yavaş, basit fakat çok fazla işlemci	Hızlı, karışık fakat çok az işlemci
Hafıza	İşlemcilerle bütünleşik, içeriği adreslenebilir	İşlemciden ayrı, Rastgele erişimli hafıza türü (RAM)
Hesaplama	Paralel, dağınık ve her biri kendi başına çalışabilir, analog	Sıralı (seri), merkezi hesaplama, sayısal, yanlış hesaplamalar sonucu etkiler
Güvenilirlik	Güvenilir, eksik bilgiler onarılabilir, sağlam	Kolay bozulabilir, bozulan verileri kurtarmak zordur

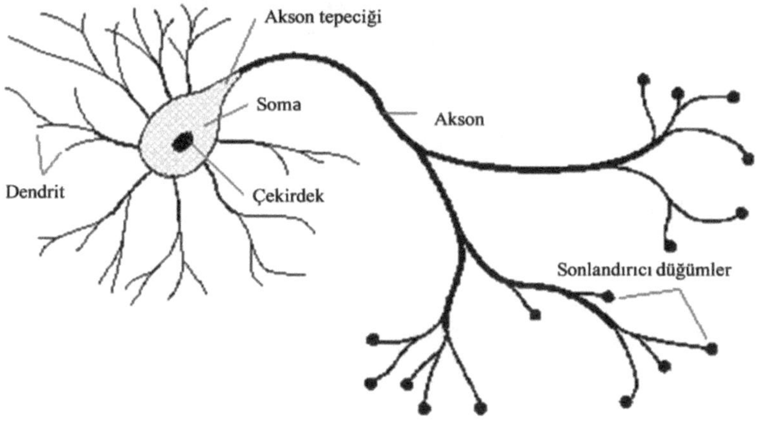

Şekil 2.2: Basit bir sinir hücresi

Çizelge 2.3: Sinir hücresini oluşturan organeller ve görevleri (Petriu, 2005)

Organel	**Görevi**
Çekirdek (Nucleus)	Sinir hücresinin çekirdeğidir.
Akson (Axon)	Hücrenin diğer hücrelere kimyasal iletimde bulunduğu ucudur. Bir hücre sadece bir adet aksona sahip olmasına rağmen her aksonun birden fazla ucu vardır. Boyları bir milimetreden küçük olabileceği gibi bir metreden de büyük olabilir (Nabiyev, 2005).
Dendrit	Hücrenin alıcısıdır. Kimyasal olarak algılama işlemi yapar. Bir sinir hücresi birden fazla dendrite sahiptir ve her dendritin de birden fazla ucu vardır.
Sinaps (Synapse)	İki sinir hücresinin daha doğrusu birisinin aksonu ile diğerinin dendritini birbirine bağlayan bağlantı elemanıdır.

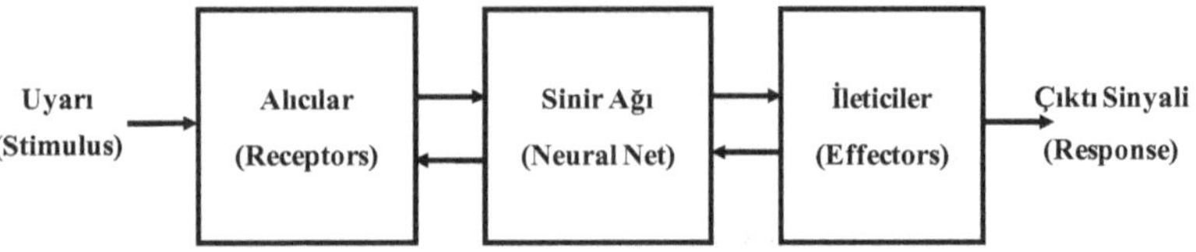

Şekil 2.3: Sinir sisteminin blok diyagramı (Haykin, 1994)

2.1.4. Yapay Sinir Hücresi

Şekil 2.4'te, gerçek bir sinir hücresinin matematiksel olarak modellenmesiyle elde edilen yapay sinir hücresi gösterilmiştir. Yapay nöronlar da aralarında bağ kurarak yapay sinir ağlarını oluştururlar. Aynı biyolojik nöronlarda olduğu gibi yapay nöronların da giriş sinyallerini aldıkları, bu sinyalleri toplayıp işledikleri ve çıktıları ilettikleri bölümleri bulunmaktadır.

Bir yapay sinir hücresi beş bölümden oluşmaktadır;

- Girdiler (X_i)
- Ağırlıklar (W_i)
- Toplama fonksiyonu (Birleştirme fonksiyonu) (n)
- Aktivasyon fonksiyonu (F(n))
- Çıktılar (y)

Girdiler: Girdiler nöronlara gelen verilerdir. Girdiler yapay sinir hücresine bir diğer hücreden gelebileceği gibi direk olarak dış dünyadan da gelebilir. Bu girdilerden gelen veriler biyolojik sinir hücrelerinde olduğu gibi toplanmak üzere nöron çekirdeğine gönderilir. Gövdenin giriş birimi olan bağlantıların her birinin kendine ait bir ağırlık çarpanı (W_i) vardır. Ağırlık değeri (önemlilik derecesi) pozitif veya negatif olabilir. Uygulanan sinyallerin ağırlık değerleriyle çarpımları, iki kısımdan oluşan gövdenin ilk kısmında toplanır. Bu toplam, ikinci kısmı tanımlayan transfer fonksiyonunun argümanı olur.

Ağırlıklar *(W_1, W_2,..., W_n)*: Girişlerin sinir hücresi içinde hangi oranda veya hangi ağırlıkta olacağını belirleyen değerlerdir. Ağırlıkların sayısal değerinin negatif ya da pozitif olması ağa olan etkisinin negatif ya da pozitif yönde olduğunu işaret ederken ağırlığı sıfır olan girdilerin çıktı üzerinde herhangi bir etkisi olmamaktadır. (Öztemel, 2003).

Toplama Fonksiyonu (Birleştirme Fonksiyonu): Her girdi değeri kendine ait olan ağırlık değeri ile çarpıldıktan sonra çıkan tüm ağırlık-girdi çarpım değerleri toplanarak ağa uygulanan net girdi elde edilmiş olur. Çizelge 2.4 de görüldüğü gibi, Toplayıcı fonksiyonları olarak Toplam, Çarpım, Maksimum, Minimum, Çoğunluk ve Kümülâtif Toplam kullanılır (Öztemel, 2003). En çok tercih edileni toplam fonksiyonu ($\sum X_i \cdot W_i$) dur.

Çizelge 2.4: Bazı toplama fonksiyonları

Toplam: $\text{Net} = \text{n} = \sum_{i=0}^{n} X_i * W_i$	Ağırlık değerleri girdiler ile çarpılır ve bulunan değerler birbirleriyle toplanarak Net girdi elde edilir.
Çarpım: $\text{Net} = \text{n} = \prod_{i=1}^{n} X_i * W_i$	Ağırlık değerleri girdiler ile çarpılır ve daha sonra bulunan değerler birbirleriyle çarpılarak Net girdi elde edilir.
Maksimum: $Net = n = Max(X_i * W_i)$	*n* adet girdi içinden ağırlıklar girdilerle çarpıldıktan sonra içlerinden en büyüğü Net girdi olarak alınır.
Minimum: $Net = n = Min(X_i * W_i)$	*n* adet girdi içinden ağırlıklar girdilerle çarpıldıktan sonra içlerinden en küçüğü Net girdi olarak alınır.
Çoğunluk: $Net = n = \sum_{i=1}^{n} Sgn(X_i * W_i)$	*n* adet girdi içinden girdilerle ağırlıklar çarpıldıktan sonra pozitif ile negatif olanların sayısı bulunur. Büyük olan sayı hücrenin Net girdisi olarak alınır.
Kumilatif Toplam: $Net = n = Net(eski) + \sum_{i=0}^{n} X_i * W_i$	Hücreye gelen bilgiler ağırlıklı olarak toplanır. Daha önce hücreye gelen bilgilere yeni hesaplanan girdi değerleri eklenerek hücrenin Net girdisi elde edilir.

Aktivasyon fonksiyonu (Transfer Fonksiyonu): Sıkıştırma, işlemci veya eşik fonksiyonu olarak da adlandırılan transfer fonksiyonu, matematiksel olarak modellenmiş bir yapay sinir hücresinin çıktısının büyüklüğünü sınırlandıran bir fonksiyondur (Mandic ve Chambers, 2001). Bu fonksiyon hücreye gelen Net girdiyi (n) işleyerek hücrenin bu girdiye karşılık üreteceği çıktıyı belirler. Genellikle doğrusal olmayan bir fonksiyon aktivasyon fonksiyonu olarak seçilir. Yapay sinir ağlarının bir özelliği olan "doğrusal olmama" aktivasyon fonksiyonlarının doğrusal olmama özelliğinden gelmektedir. Aktivasyon fonksiyonu seçilirken fonksiyonun türevinin kolay hesaplanabilir olması dikkat edilmesi gereken bir diğer önemli noktadır. Çünkü geri beslemeli ağlarda kullanılan aktivasyon fonksiyonunun türevinin hesaplanmasının zor olması hesaplama işlemlerinin daha uzun sürede gerçekleşmesine neden olur. Günümüzde en yaygın kullanılan "Çok katmanlı algılayıcı" modelidir ve bu modelde de genelde aktivasyon fonksiyonu olarak "Sigmoid fonksiyonu" kullanılır. Bir ağdaki bütün hücrelerin transfer fonksiyonları birbirinden farklı da olabilir.

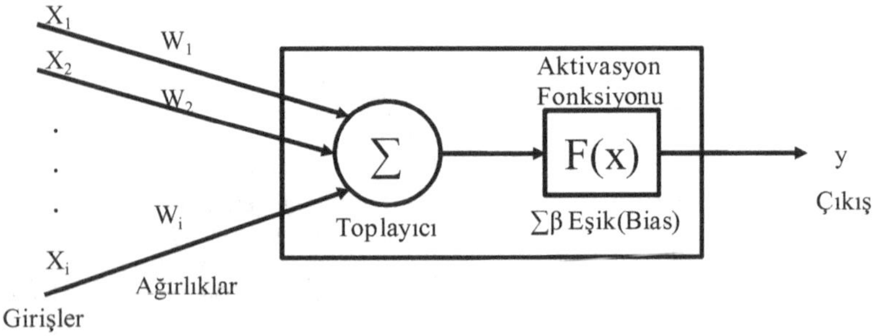

Şekil 2.4: Matematiksel modelleme ile elde edilen bir yapay sinir hücresi

En çok kullanılan transfer fonksiyonları şunlardır.

a. Doğrusal (Lineer) Aktivasyon Fonksiyonu (Şekil 2.5) : Doğrusal problemleri çözmek amacıyla aktivasyon fonksiyonu doğrusal bir fonksiyon olarak seçilebilir. Hücreye toplayıcıdan gelen veriler bir α katsayısı ile çarpılarak sonuç üretilir. $\alpha=1$ ise girdiler olduğu gibi çıkar ($\boldsymbol{n} = \boldsymbol{\Sigma}\, x_i \cdot w_i$).

$$y=F(n)=\alpha \cdot n \quad ise \qquad (2.1)$$

$$y=n \qquad (2.2)$$

b. Adım (Step) Aktivasyon Fonksiyonu (Şekil 2.6) : Toplayıcıdan gelen veri belirlenen bir eşik değerinin üstünde ya da altında olmasına göre 1 ya da 0 değerlerini alır.

$$n<0 \quad ise \quad y=0 \qquad (2.3)$$

$n \geq 0$ *ise* $y=1$ (2.4)

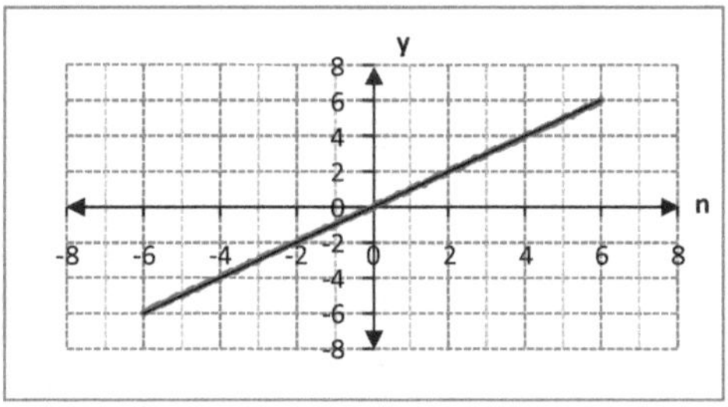

Şekil 2.5: Doğrusal transfer fonksiyonu

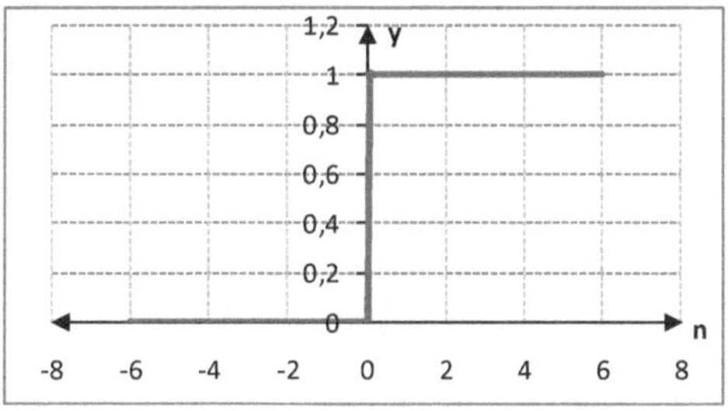

Şekil 2.6: Adım transfer fonksiyonu

c. Eşik Değer Fonksiyonu (Şekil 2.7) : Toplayıcıdan gelen verilerin belirlenen değerler arasında veya verilen değerden büyük ya da küçük olmasına göre değer alırlar yani gelen bilgilerin 0'dan küçük olması durumunda 0 çıktısı, 1 den büyük olması durumunda 1 çıktısı, 0 ile 1 arasında ve 0 ile 1'e eşit olması durumlarında ise yine kendisini veren çıktılar üretilebilir.

$n<0$ ise $y=0$ (2.5)

$0 \leq n \leq 1$ ise $y=n$ (2.6)

$n>1$ ise $y=1$ (2.7)

d. Hiperbolik Tanjant Aktivasyon Fonksiyonu (Şekil 2.8) : Çıktı değeri hücreye toplayıcıdan gelen verilerin tanjant fonksiyonuna tabi tutulmasıyla hesaplanır (Anon, 2011b). Hiperbolik tanjant fonksiyonunun çıkış değerleri -1 ile 1 arasında değişmektedir.

$$y = \frac{e^n - e^{-n}}{e^n + e^{-n}} \quad (2.8)$$

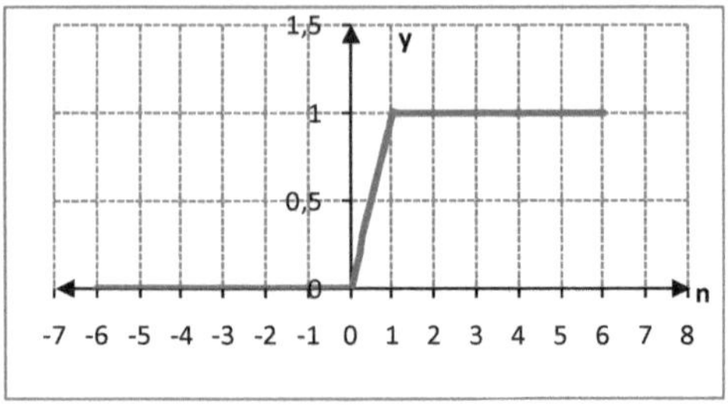

Şekil 2.7: Eşik değer transfer fonksiyonu

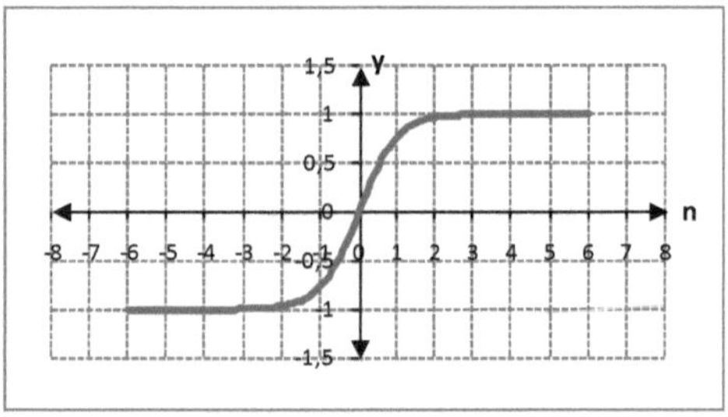

Şekil 2.8: Hiperbolik tanjant transfer fonksiyonu

e. Sigmoid Aktivasyon Fonksiyonu (Şekil 2.9) : YSA'da en çok kullanılan doğrusal ve doğrusal olmayan davranışlar arasında denge sağlayan sürekli artan bir fonksiyon olarak tanımlanır (Demuth ve diğ., 2011). Sigmoid aktivasyon fonksiyonu türevi alınabilir bir fonksiyondur. Bu fonksiyon girdi değerlerinin her biri için 0 ile 1 arasında bir değer üretir.

$$y = \frac{1}{1 + e^{-n}} \quad (2.9)$$

f. Gauss *F*onksiyonu (Şekil 2.10) :

$$y = e^{-n^2} \quad (2.10)$$

Diğer en çok kullanılan transfer fonksiyonları Çizelge 2.5'te görülmektedir.

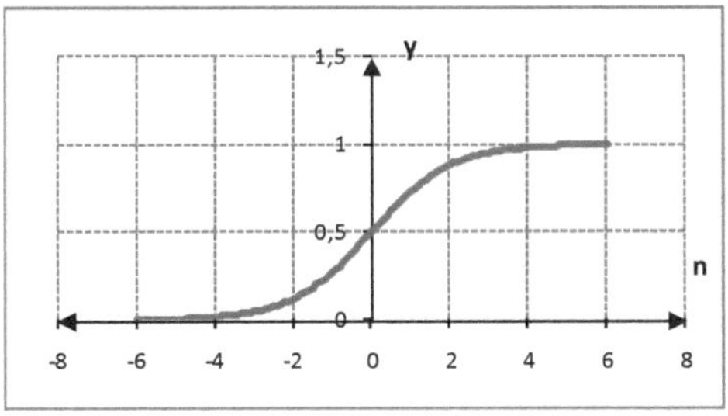

Şekil 2.9: Sigmoid transfer fonksiyonu

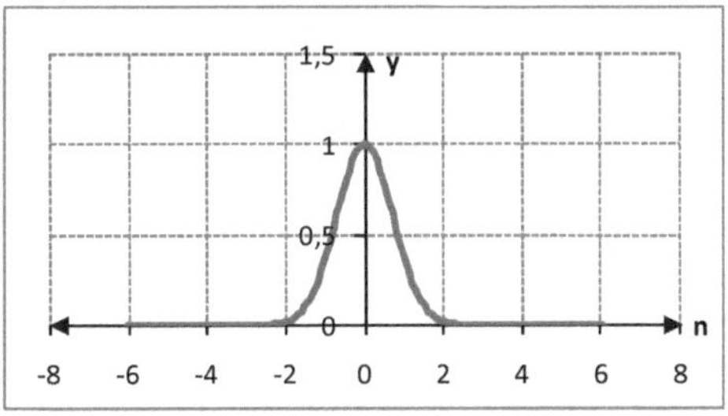

Şekil 2.10: Gauss transfer fonksiyonu

Çizelge 2.5: Sık kullanılan ve Matlab'in desteklediği diğer transfer fonksiyonları (Sarle, 1994)

İsim	**Formül**	**Grafikleri**
Simetrik Sabit Limit	$n<0$ ise $y=-1$ $n\geq 0$ ise $y=1$	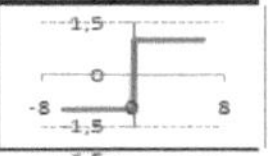
Simetrik Doymuş Doğrusal	$n<-1$ ise $y=-1$ $-1\leq n\leq 1$ ise $y=n$ $n>1$ ise $y=1$	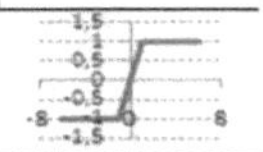
Pozitif Doğrusal	$n<0$ ise $y=0$ $n\geq 0$ ise $y=n$	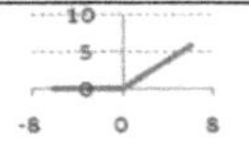
Rekabetçi	Sinir hücresi maksimumu ise $y=1$ Diğer durumlarda ise $y=0$	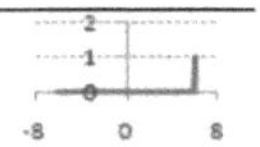
Üçgensel	$-1\leq n\leq 1$ ise $y=1\text{-}mutlak(n)$ diğer durumlarda ise $y=0$	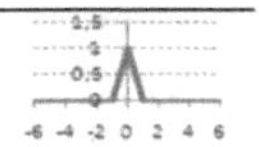

Şekil 2.11'deki yapay sinir hücresine, Çizelge 2.6'daki örnek giriş ve ağırlık değerleri verilirse; sigmoid olarak belirlemiş olduğumuz transfer fonksiyonuna girecek değer

$$n = \sum X_i \cdot W_i = 0.6 \cdot 0.3 + 5.2 \cdot 0.3 + 0.8 \cdot 0.7 = 2.3 \qquad (2.11)$$

olacaktır. Hücremizin ürettiği y değeri ise;

$$y = \frac{1}{1+e^{-n}} = \frac{1}{1+e^{-2.3}} \cong 0.9 \qquad (2.12)$$

olur.

Çizelge 2.6: Örnek giriş ve ağırlık değerleri

X_1	X_2	X_3	W_1	W_2	W_3
0.6	5.2	0.8	0.3	0.3	0.7

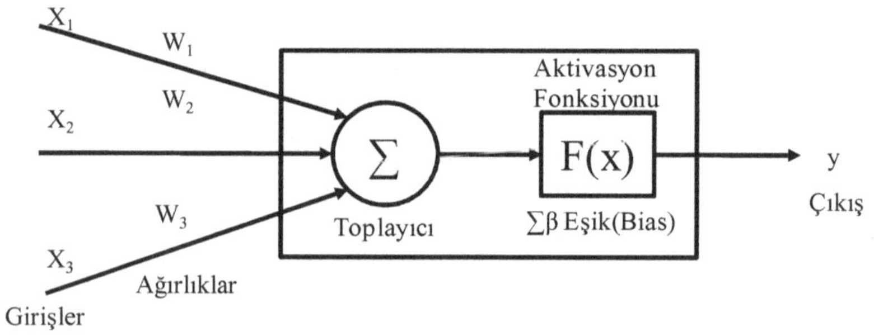

Şekil 2.11: Yapay sinir hücresi

2.1.5. Yapay Sinir Ağlarının Yapısı

Bir yapay sinir ağı birçok sinir hücresinden ve birden fazla katmandan oluşmaktadır. Bir sinir ağındaki ilk katman giriş katmanı, son katman ise çıkış katmanıdır. Arada kalan katmanlara ise gizli katman ya da ara katman adı verilir. Bir ağdaki gizli katman sayısı birden fazla olabilir.

Yapay sinir ağları bilinen bilgi işleme yöntemlerinden farklı özelliklere sahiptir. Paralellik, hata toleransı, öğrenilebilirlik ve gerçekleme kolaylığı bu özelliklerden bazılarıdır. Bu özellikleri ile YSA'lar alışılagelmiş hesaplama yöntemlerine göre daha başarılı sonuçlar üretebilmektedirler. Yapay sinir ağlarında bilgilerin işlenmesi paralel ve birbirinden bağımsızdır. Aynı tabakadaki bağlantılar arasında zaman bağımlılığı olmadığından tamamı ile eşzamanlı çalışabilmekte dolaysıyla da bilgi akış hızı artmaktadır. Paralel çalışma prensibinden dolayı herhangi bir birimde meydana gelen hata tüm sistemde belirgin bir hataya neden olmamaktadır. Sadece hücrenin ağırlıkları oranında bir etkilenme gerçekleşmektedir. Böylece yerel hatalardan en az şekilde etkilenmektedir.

Öğrenme yapay sinir ağlarında bağlantı ağırlıklarının yenilenmesi şeklinde olmaktadır. Elde edilen bilgiler bağlantı ağırlıklarında uzun süre saklanabilirler. Ayrıca öğrenme yeteneği sayesinde yapay sinir ağlarıyla, tam tanımlı olmayan problemlerin çözülebilmesi mümkündür. Paralel çalışan bir yapay sinir ağı modeli basit işlemler içerdiğinden ve karmaşık bir yapıya sahip olmadığından birçok sorunun çözümlenmesinde tercih edilir. Bir yapay sinir ağı için istenilen hedef ve eldeki verilerin türlerine karar verildikten sonra beklenen çıktıları girdilerden elde etmek için bu ağdaki bilinmeyen bağlantı değerleri ardışık yaklaşımlarda eğitilerek tespit edilir.

2.1.5.1. Tek Katmanlı-İleri Beslemeli (Feed Forward) Yapay Sinir Ağları

Şekil 2.12'de görülen tek katmanlı ileri beslemeli yapay sinir ağı en basit ağ yapısıdır. Bir giriş ve bir çıkış katmanı vardır. Sinir ağı ileri beslemeli olduğundan bilgi girişten çıkışa doğru ilerler. Tek katmanlı olarak adlandırılmasının nedeni, giriş katmanının veri üzerinde hiçbir işlem yapmadan veriyi çıkış katmanına iletmesidir.

2.1.5.2. Çok Katmanlı İleri Beslemeli Yapay Sinir Ağları

Şekil 2.13'deki gibi çok katmanlı ileri beslemeli yapay sinir ağlarında giriş katmanı, gizli katmanlar ve çıkış katmanı vardır. Sinir ağı ileri beslemeli olduğundan bilgi girişten çıkışa doğru ilerler.

2.1.5.3. Geri Dönüşlü (Recurrent) Yapay Sinir Ağları

Geri dönüşlü YSA'lar özellikle birinci dereceden doğrusal sistemleri modellemede oldukça başarılıdır. Zamana bağlı olayları işlemede daha önceden elde edilen sonuçları değerlendirmedeki başarılı çıktıları ile özellikle ses ve karakter tanıma problemlerinde etkin olarak kullanılmaktadırlar. Bu yapıdaki sinir ağlarının ileri beslemeli ağlardan farkı en az bir tane geri besleme çevriminin olmasıdır (Demuth ve diğ., 2011).

Geri dönüşümlü YSA'lardan en basiti ve kullanımı en kolay olan Elman ağıdır. Hopfield, Counterpropagation, Cognitron, Kendini Ayarlayan Haritalı Ağlar (SOM–Self Organizing Maps) ve Boltzman Makinesi gibi birçok geri dönüşümlü YSA modeli vardır. Bu dönüşlü modellerin çoğu birbirlerine benzemektedirler (Öztemel, 2003).

2.1.5.4. Radyal Tabanlı (Radial Basis) Yapay Sinir Ağları

Radyal tabanlı yapay sinir ağları, duyarlı almaç bölgelerinin olduğu giriş tabakası, radyal tabanlı sinir hücrelerini içeren gizli tabaka ve çoğunlukla doğrusal transfer fonksiyonlu sinir hücrelerinden ibaret çıkış tabakasından oluşur. Radyal tabanlı ağlar, geri yayılım algoritmalı ileri beslemeli ağlardan daha fazla nöron kullanımına ihtiyaç duysa da eğitim süresi çok daha kısadır. Yoğun eğitim verisiyle daha iyi sonuçlar verir (Sarle, 1994).

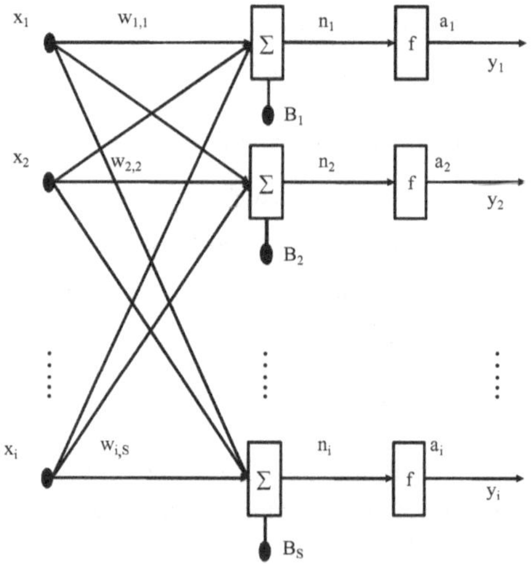

Şekil 2.12: Tek katmanlı bir YSA (Demuth ve diğ., 2011)

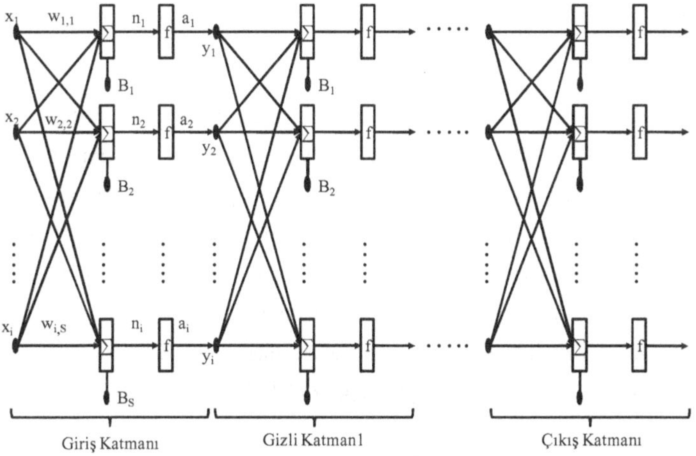

Şekil 2.13: Çok katmanlı bir YSA (Demuth ve diğ., 2011)

2.1.6. Yapay Sinir Ağlarında Öğrenme Kuralları ve Sorgulama

Yapay sinir ağlarının verilen girdilere göre çıktı üretebilmesinin yolu ağın öğrenebilmesidir. Bir yapay sinir ağının eğitilmesinde yani ağın öğrenmesinde kullanılacak yöntem çok önemlidir. Çünkü YSA'lar da bir bebek beyninin öğrenmesi gibi deneme yanılma yoluyla hata yaparak öğrenirler. Eğitimdeki amaç bulunması gereken doğru sonuçlara en yakın çıktıyı üretebilmektir. Bu nedenle ağ verilen girdilere uygun işlem yaptıktan sonra bir çıktı verir. Çıktı ile hedef değerler arasındaki fark hatadır. YSA bu hatayı kabul edilebilir sınırlara çekmek için yapılandırma değerini (ağırlıklar varsa eşik değerlerini) değiştirerek işlemi tekrarlar. Eğitim setinin ağ içinde bir kez işlemden geçirilmesine devir (iterasyon) denir. Yapay sinir ağlarının başarıya ulaşması için gereken devir sayısı farklı her bir problem için farklı olabilir. Bununla birlikte yapay sinir ağının problemi daha iyi öğrenebilmesi ve daha hassas derecelerde doğru cevap üretebilmesi için problemin kendi içinde de devir sayısı değiştirilebilir. Örneğin, bir ilin hava durumu tahminini yapmak için 15 senelik veri, yapay sinir ağına bir kere beslenirse yapacağı tahminler çok az tutarlı olacak iken, 500 kere aynı veriyi beslemek ile daha hassas derecelere kadar öğrenmesi sağlanmış ve daha çok tutarlı tahminlerde bulunmuş olacaktır. Devir sayıları problemden probleme ve problemin kendi içindeki hassasiyete göre farklı olabilir. Ancak, çok fazla döngü olursa, sonuca ulaşmak uzun zaman alır ve performansı düşürürken, az sayıda döngü de sonuca ulaşmayı engeller ve daha tutarsız sonuçların üretilmesine sebeb olur. Bundan dolayı yapay sinir ağları, her bir problem için uygulanırken devir sayıları deneme yanılma yöntemiyle tespit edilmeye çalışılır.

Verilerin büyüklüğü de öğrenmede etkin ve önemli olan bir diğer faktördür. Problemin karakteristiğini yakalayabilecek kadar girdi (veri) varsa, yapay sinir ağı çözüme ulaşabilir. Örneğin, dünya da altın dolar karşılığının değişimini tahmin edebilmek için sadece 30 günlük verilerin kullanılması, yatırımcının neye yatırım yapabileceğini tam emin olamayacağı sonuçlar verecektir. Bu yüzden problemin çözümünden önce kullanılacak veriler üzerinde istatistiksel bir yorumlamanın yapılmış olması ve yapay sinir ağlarının o verileri kullanması başarıya ulaşması için yararlı olacaktır. Her bir problem için kullanılacak verilerin sayısı değişik olabilir.

Yapay sinir ağı üzerinde kullanılan katman sayısı da öğrenme üzerinde etkin rol oynayan bir başka faktördür. 3 katmandan oluşan bir yapay sinir ağı modelinin en karmaşık problemlerin çözümü için bile yeterli olduğu görüşü yaygın olsada, modelden modele katman sayısı farklı da olabilir. Ancak bu bir kısıtlama değildir, üçten daha az veya daha fazla katmanlı yapay sinir ağı modelleri de kullanılabilir. Bu 3 katmanlı yapay sinir ağında; ilk katman girdi katmanı, ortadaki gizli katman ve sondaki çıktı katmanı olarak isimlendirilirler. 3'ten fazla katmanlı yapılarda ise 1. katman girdi, sonuncu katman çıktı ve arada kalan katmanlar gizli katmanlar olarak adlandırılırlar.

Öğrenmeyi etkileyen bir diğer faktör, her katman üzerinde kullanılan sinir hücresinin sayısıdır. Bu sayılar tamamen kullanıcının kurgusuyla belirlenirler. Her katmanda olması gereken hücre sayısı sabit olmayıp aynı devir sayısı gibi bu da deneme yanılma yöntemiyle tespit edilmektedir. Az sayıda hücre problemin öğrenilmemesine neden olduğu gibi çok sayıda yapay sinir hücresi de, yapının karmaşık fonksiyonlarla çalışıp düşük performans sergilemesine sebeb olacaktır.

Ayrıca, öğrenme kapasitesinden de bahsetmek gerekir. Öğrenmede etkili olduğu bahsedilen yukarıdaki tüm etmenler kullanılarak yapay sinir ağının ne kadar öğrendiği tespit edilir. Bu tesbitte, öğretilen popülasyondan tek tek girdi örüntüleri alınarak yapay sinir ağına sorulur ve yapay sinir ağının bunların hangilerine doğru olarak cevaplandırdığına bakılarak, bu doğru cevapların oranı bulunur. İşletim sistemi teorisinde olan "hit ratio (vuruş yüzdesi)" mantığı aynen yapay sinir ağları üzerinde kapasiteyi belirtmede kullanılır. Örneğin Hopfield modelinde, 100 bitlik girdi örüntüleri kullanılıyorken, Hopfield kapasitesi 15 adet girdi örüntüsünü tutabiliyorsa Hopfield modelinde 16. girdi örüntüsünün yapay sinir ağına öğretilmesi mümkün değildir. Herşeye rağmen, backpropagation modelinde %99 ulaşan öğrenme kapasitesine ulaşılabilmektedir (Fausett L.,1994).

Ağın mimarisi, transfer fonksiyonu, öğrenme yöntemi ve devir sayısı seçilirken optimizasyonun iyi bir şekilde yapılması gerekir. En bilinen ve en yaygın olarak kullanılan öğrenme kuralları şunlardır: Hebb Kuralı, Hopfield Kuralı, Delta Kuralı ve Kohonen Kuralıdır (Yıldız, 2006).

2.1.6.1. Hebb Kuralı (1949)

Hebb kuralı diğer öğrenme kurallarının da temelini oluşturmaktadır. Bu kuralda bir sinir hücresi başka bir sinir hücresinden bilgi alırsa ve her iki hücre de matematiksel olarak aynı işareti taşıyorsa yani aktif ise bu iki hücre arasındaki ağ kuvvetlendirilmelidir, tersi durumda ise zayıflatılmalıdır (Dazsi ve Enbody, 2001).

Yapısı itibariyle ileri beslemeli ve Hebb öğrenme kuralının uygulandığı Hebb net, tek katmanlıdır yani bu yapı girdi hücreleri ve onların bağlı olduğu çıktı hücresinden ibarettir ve girdi hücrelerinin birbirleri arasında bağlantıları yoktur.

Güncel basit sınıflandırma problemlerinde Hebb net'in basit yapısı kullanılmaktadır. Sınıflandırmada elde edilen sonuç öğrenmenin tamamlandığını ve girdinin hangi sınıfa ait olduğunu belirtir. En basit örnekleri AND ve OR kapılarının Hebb net ile simüle edilmesidir.

Bugünkü yapay sinir ağları için önemli bir temel oluşturan perceptron (algılayıcı) modeli Hebb net modelinden sonra ortaya konmuştur ve Hebb netin mimarisini kullanmaktadır. Çünkü Hebb net'teki öğrenme kavramı yerine, perceptronda transfer fonksiyonundan geçirilme kavramı kullanılmaktadır. Bu modelle, öğrenmede eşiklemenin rolü kabul edilmektedir. Bu model için herhangi bir fonksiyonun kullanılması önerilmesine rağmen, temelde kendine "hard limiter" tipindeki eşikleme fonksiyonunu referans olarak kabul etmektedir (Fausett L.,1994).

Perceptron modelinde problemin karakteristiğine göre belirlenen eşik değeri çok önemli bir faktördür. İyi saptanmış bir eşik değeri yardımıyla perceptron modeli başarılı bir sınıflandırma yapabilir. Çok iyi bilindiği üzere Hebb net'te çözüm uzayı bir doğru veya düzlem ile iki parçaya ayrılır ve doğru veya düzlemin bir tarafındakiler A sınıfı ve diğer tarafındakiler de B sınıfı olarak eşiklenirler. Ancak Hebb net'te yer almayan bir kavram olan "kararsız (geçiş) bölge" diye adlandırılan çözüm bölgesini de önemseyen perceptron, hebb nete göre sınıflandırmayı daha dikkatli yerine getirmektedir. Yani perceptron çözüm uzayını iki ayrı parçaya ayırmakla beraber, A ve B sınıfına ait özelliklerin karma şeklini üzerinde taşıyan nötr sahayı (A ve B sınıfı arası bölgeyi = kararsız geçiş bölgesini) da öğrenebilme yeteneğine sahiptir.

Perceptron yapısında kullanılan devir (iterasyon) sayısı yükseltildiğinde çözüm için daha kararlı bir yapıya ulaşılabilmektedir. Bir diğer ifade ile A sınıfı ve B sınıfının özellikleri daha net öğrenilebilmekte ve arada kalan nötr bölge (kararsız bölge) daha fazla inceltilebilmektedir.

Perceptronun öğrenme algoritması "hata" ları bularak öğrenmeye yöneliktir. Sistem hata ile karşılaştığında öğrenme gerçekleşmektedir. Ne kadar çok hata yapılmışsa o kadar çok öğrenme olmuştur. Başka bir ifadeyle perceptronun hedefi, hataları öğrene öğrene, sistemin hatalarını en aza indirgemesini sağlamaktır. Güncel yaşamda bu yaklaşım beynin öğrenme stili olarak kullanılmaktadır (Lippman R.P.,1987). Örneğin bir öğrenci hep doğru yaparsa bu onda öğrenmeden çok alışkanlık halini alan bir mekanizmaya dönüşür, beyin bir daha o işle meşgul olmaz ve refleks haline gelen işlemi artık omurilik gibi yan sistemler yönetir. Oysaki arada hatalar yapılmış olsa, beyin o hataları düzeltmeye çalışacak ve her hatalı durumda o hatadan vazgeçip hata sayısını daha da azaltmış olacaktır. Bu işlemler beynin hata yaparak öğrenmesini sağlamaktadır.

2.1.6.2. Hopfield Kuralı (1982)

Hebb kuralına benzeyen bu kuralın farkı YSA elemanlarının bağlantılarının ne kadar kuvvetlendirilmesi veya zayıflatılması gerekliliğini belirlemesidir. Öğrenme katsayısı (0–1 arası) oranında ağırlık değerleri artırılır ya da azaltılır (Tebelkis, 1995).

Hopfield modeli, öğrenme sürecinde Hopfield kuralını kullanmaktadır. Bu modelde ağırlıkların öğrenilmesi iki sinir hücresi arasında ki değerin aynı olup olmadığına bağlıdır. Girdi örüntülerinde ikili (binary) değerlerden ziyade iki kutuplu (bipolar) değerlerin kullanılması daha doğru olan yaklaşımdır.

Yapay sinir ağlarının en karma modelini teşkil eden Hopfield yapay sinir ağı "recurrent" ya da "recursive" yani tekrar beslemeli bir yapıya sahip olma özelliği ile diğer yapay sinir ağı modellerinden farklıdır (Hopfield J.J, et all, 1985). Tekrar beslemeli yapısı sayesinde girdi örüntüsü Hopfield mimarisine verildiğinde, mimari işleme bir başlangıç enerjisi ile başlar. Bu başlangıç konumundan itibaren yapı, girdi örüntüsünü, daha önceden öğrendiği bir başka girdi örüntüsüne doğru yönlendirmeye başlar. Bu yönlendirme sürecinde girdi örüntüsünde yapılan her ufak değişimin ardından enerji tekrar tekrar hesaplanarak girdi örüntüsünün morfolojik dönüşümünün kontrolü sağlanır. Girdi örüntüsünün bir başka öğrenilmiş olan girdi örüntüsüne benzetilme işlemi (morfolojisi), enerji sabitleştirilene (stabilize olana) kadar devam eder. Enerjinin sabitleştirilmesi ise enerjinin minimuma ulaştığı ve değişmediği değeridir.

Girdi örüntüsünün tekrar besleme yardımıyla enerjisini düşüre düşüre yerel minimuma ulaşması (enerjinin artık daha fazla düşmediği ve değişmediği süreç) olayına yakınsama (convergence) denir. Yakınsama pozisyonunda olan girdi örüntüsünün morfolojik haline ise yakınsanmış vektör (converged vector) ya da elde edilen cevap vektörü denir. Bu açıdan matematiksel olarak interpolasyon (iki bilinen değeri kullanarak, aradaki bilinmeyen bir üçüncü değeri hesaplama) işlemine benzeyen bir operasyon olan bu öğrenme süreci sayesinde Hopfield sinir ağı modeli optimizasyon problemleri için başvurulan en önemli model olmuştur (Cavalieri S., et all, 1994).

Hopfield mimari olarak hem girdi hem de çıktı katmanı olarak görev yapan tek katmanlı bir yapıya sahiptir. Simetrik olarak tüm sinir hücreleri birbirine bağlanmıştır. Ancak bu yapıda sadece hücrelerin kendi üzerlerine bağlantıları yoktur.

Hopfield modelinin öğrenim süreci tamamlandıktan sonra asıl önemli olan, girdi örüntüsünün sisteme beslendiğinde istenen sonuca ulaşıp ulaşılamayacağının (yakınsama (convergence) yapıp yapamadığının) kontrolünü yapacak enerji fonksiyonunun elde edilmesidir. Hopfield; Lyapunov fonksiyonu ile sistemin enerjisinin hedefe ulaşabileceği (yakınsama yapabileceğini) ve o hedefte değişmeden sabit olarak kalabileceğinin kontrolünü yine bu fonksiyon yardımıyla sağlayabileceğini ispat etmiştir. Hopfield modelinin en önemli parçası olan enerji fonksiyonuna dikkat edildiğinde, burada her bir hücrenin aktifliğinin kontrolünün yapıldığı ve aktif olanların ağırlık değerlerinin enerjiye katıldığı görülecektir.

Eğer enerjideki değişim miktarı bir önceki enerjiyi daha da düşürecek yönde ilerliyorsa, bu girdi örüntüsünün yerel (local) minimuma doğru hareket ettiğini gösterir.

Sistem yerel minimumu yakaladığı an sabit (uzun müddet değişim geçirmeden) kalabiliyorsa sistem o girdi için cevaba ulaşmış demektir. (Hopfield J.J. et all, 1985)

2.1.6.3. Delta Kuralı

Bu kuralda amaç hedef çıktı ile elde edilen çıktı arasındaki hata karelerinin ortalamasını en aza indirmektir. Bu nedenle bu kuralda hedef çıktı ile elde edilen çıktı arasındaki farkı azaltmak için YSA elemanlarının bağlantılarının ağırlık değerleri sürekli yeniden hesaplanır. Bulunan hatalar en son katmandan geriye doğru ardışık iki katman arasındaki bağlantı ağlarına dağıtılır. Bu işleme yani hatanın geriye dağıtılmasına geri besleme (backpropagation) işlemi denir (Çorumluoğlu ve diğ., 2005).

Geri beslemeli bir öğrenme mekanizması (Lipmann R.P., 1987), yapay sinir ağları içerisinde hemen hemen her probleme rahatlıkla uyarlanabilir ve uygulandığı yapılara da Backpropagation Net (Geri beslemeli ağ) denir. Burada yapay sinir ağının yapısı ileri beslemeli olmasına karşın, hatanın geriye doğru ket vurmasından kaynaklanan bir öğrenme olduğu için geri besleme söz konusu edilmektedir. Aynı zamanda, bu yapay sinir ağı modeli öğretmenli öğrenme stratejisini (supervised learning) kullanmaktadır (Lipmann R.P., 1987).

Geri beslemeli ağ, öğrenmede sürekli (continuous) girdi tipini kullanır. Aktivasyon fonksiyonu olarak türevi alınabilecek bir fonksiyonu işleme sokmaktadır. Bundan dolayı, geri beslemeli ağ, genellikle sigmoid fonksiyonunu kullanır (Fausett L., 1994).

Sigmoid fonksiyonunu gibi türevi alınabilinen bir fonksiyon kullanılması geri beslemeli ağ tipindeki bir yapay sinir ağı modeli için önem taşımaktadır. Çünkü türev bir eğri üzerinde değişim olarak tarif edilmektedir. Bir başka deyişle; hatanın minimize edilmesi demek, yada hatanın türevinin 0 olması anlamına gelmektedir. Bu yüzden geri beslemeli ağ hatanın türevini "W" ağırlıkları üzerinde öğrenmekte ve bu sayede hatalar her bir iterasyon (döngü) sonunda 0'a doğru yaklaşmaktadır. Bu sebepten dolayı, geri beslemeli ağ başarılı kullanım sahasına sahiptir (Lipmann R.P.,1987).

Geri beslemeli ağ algoritması paralel bir yapı arz ederek öğrenmeyi gerçekleştirir. Bu paralel yapı sayesinde geri beslemeli ağ mimarisinin performansı diğer yapılara oranla daha yüksek olmaktadır. Geri beslemeli ağ algoritmasında kullanılan sigmoid fonksiyonu ve bu fonksiyonun türevi (2.13) ve (2.14)'nolu formüllerde verilmiştir. (Fausett L., 1984)

$$f_{sigmoid}(x)=(2/(1+exp(-x)))-1 \qquad (2.13)$$

$$f'_{sigmoid}(x)=1/2*[1+f_{sigmoid}(x)]*[1-f_{sigmoid}(x)] \qquad (2.14)$$

2.1.6.4. Kohonen Kuralı (1998)

Kohonen kuralı biyolojik sinir hücrelerinden ilham alınarak oluşturulmuştur (Yıldız, 2006). Çünkü Khonen beynin çalışma stilinin gerçekte bir "ilişkisel bellek" (associative memory) şeklinde yani temel yapının, iki nesneyi birbiriyle ilişkilendirerek öğrenmek olduğunu vurgulamıştır. Khonen bu teorisini, otomatik ilişkili (autoassociative), zıt ilişkili (heteroassociative) diye bilinen iki ilişkisel bellek tipleriyle pekiştirmiştir. Ayrıca Khonen kurduğu yapay sinir ağı modellerin de "cluster" adı verilen grup merkezlerinden ve bu grupların "komşuluk" yaklaşımlarından bahsetmiştir. Eğer popülasyonda iyi temsilciler seçilebilirse, o popülasyon seçilmiş olan temsilcilerle ifade edilebilirlerdi. Ya da bir başka deyişle "m" adet elemandan oluşan popülasyon (girdi uzayı) "n" değişik sınıfa ayrılabilirdi. "n" değişik sınıf ise grup merkezleri tarafından temsil edilebilirdi (Kung. S.Y., 1993).

Khonen geliştirdiği mimaride, tamamen kendi kendine öğrenmeyi hedeflediği için ele aldığı "k" adetlik girdi popülasyonunun ilk "n" adedini "n" cluster (öbek, grup, merkez noktası) olarak yerleştirir. Öğrenmek için alınan girdi, tüm öbekler ile kıyaslanır ve girdi hangi öbeğe yakın görünüyorsa oraya adapte edilir yani o öbeğe dahil edilir. Ve her nokta yakın bulduğu öbek merkezini kendine doğru çekerek öbek merkezlerinin daha iyi öbek temsilcisi olabilmesini sağlamaya çalışırlar. Eğer bu işlem 100, 1000, 10000 iterasyon ile tekrarlanırsa, cluster olarak belirlenen grup merkezlerinin popülasyonu en iyi temsil eden öbek merkezleri olduğu görülecektir. Bir başka deyişle, her öbek merkezi örnek uzayın ayrı ayrı sınıflarını temsil edecektir. Bu sayede girdi örüntüleri kendilerini ait oldukları sınıfın merkezine yakın bulacaklardır. Elbette ki "komşuluk" kavramı sayesinde birbirine yakın olan sınıflar yine birbirleriyle ilişkili hareket edeceklerdir.

Khonen'in bu öğretisi ve geliştirdiği yapı, günümüzde birçok farklı problemi çözmede çok başarılı olması ve yapı algoritmasının kolaylığı ile dikkat çekmektedir. Algoritmada önemli olan girdi örüntüsünün hangi öbeğe daha yakın olduğunun tespiti için kullanılan matematiksel uzaklık fonksiyonlarıdır. Bu uzaklık ölçümü için Hamming Distance (HD), Eucledean Distance (ED) ya da Partitioned Generalized Eucledean Distance (PGED) gibi fonksiyonlardan herhangi biri rahatlıkla kullanılabilir. Algoritma bu fonksiyonları kullanarak hangi öbek merkezinin girdiye daha yakın olduğunu bulduğu an bulunan öbek "winner, kazanan" olarak işaretlenir. Ve "winner take all, kazanan hepsini alır" prensibiyle kazananın ağırlık değerleri (W) güncellenir. Elbette bu işlem yapılırken "winner" olarak işaretlenen öbek merkezinin komşuları da daha az bir kuvvetle "winner" olan merkeze doğru çekilir. Bu da komşuların birbirine yakınlığının devam etmesi için gereklidir.

Bu kuralda sinir hücreleri ağırlıklarını değiştirmek için birbirleri ile yarışırlar. En büyük çıktıyı üreten hücre yarışı kazanır, bağlantı ağırlıklarını değiştirir ve yakınındaki hücrelere göre daha kuvvetli hale gelir. Bir hedef değerler dizisi olmasına gerek duyulmayan bu kuralda hücreler kendi kendine öğretmensiz eğitimini tamamlarlar.

2.1.6.5. Sorgulama

Yapay sinir ağı modellerinin temel iki işlevinden birisi öğrenmeyi gerçekleştirmek ve diğeri de öğrendiğinin sorgulaması yapıldığında buna yanıt vermektir. Ancak sorgulamada dikkat edilmesi gereken en önemli nokta, yapay sinir ağı modellerine daha önce hiç öğrenmediği bir örüntünün sorulmasıyla, yapay sinir ağının bu örüntüyü daha önce öğrendiği örüntülerden birine benzeterek cevap vermeye çalışmasıdır. Bu çalışma prensibine sahip olan yapay sinir ağı modelleri hata-toleranslı (fault tolerant) mekanizmalar olarak bilinirler. Yüz tanıma ile uğraşan yapay sinir ağı modellerini, yapay sinir ağı modellerinin hata-toleranslı yapısına örnek olarak verebiliriz. Yüz tanıma ile uğraşan yapay sinir ağı modelleri yüz tiplerini tanımak için öncelikle çok iterasyon yaparak bir kişinin yüzündeki bazı karakteristikleri öğrenir ve sonrada yüzün kime ait olduğunu bulmaya çalışır. Yani bir kişinin yüzünü öğrenen bu sisteme, yüzün bir parçasının kapatılarak sorgulanması, sistemin yine doğru cevap vermesini etkilemeyebilir. İşte girdi örüntüsünün belli bir miktarı eksik olsa dahi, yapay sinir ağının o girdi örüntüsüne doğru cevap veriyor olması, yapay sinir ağlarının hataya olan toleranslı yaklaşımını göstermektedir. Sorgulama esnasında kullanılan çok basit tekniklerden bazıları; Hamming Distance (HD), Eucledean Distance (ED), Partitioned Generalized Eucledean Distance (PGED) olarak isimlendirilen uzaklık ölçüm teknikleridir (Cinsdikici M., vd., 1997, ISCIS XII). Girilen örüntünün saklanan (öğrenilmiş) olan örüntülerle matematiksel olarak uzaklıklarını bulmak için kullanılan bu teknikler sayesinde, girdi örüntüsüne en yakın olan öğrenilmiş örüntü cevap olarak yapay sinir ağı tarafından dışarı verilmektedir. Sorgulamada başka bir metodolojide toplam fonksiyonu ($\boldsymbol{n} = \Sigma\, x_i \cdot w_i$) ve aktivasyon fonksiyonu ($y=F(n)$) formüllerinin uygulanıp sonuçta kimlerin "y" çıktısında aktif, kimlerin ise pasif olduklarına göre girdi-öğrenilmiş bilgi ikilisi arasında yakınlık kararı verilmesidir. Burada yapay sinir ağının kendi aktiflik fonksiyonu dışında HD, ED, PGED gibi harici bir fonksiyon kullanılmadığı için, bu tip sorgulama yapan yapay sinir ağları modelleri sorgulama sonucuna daha hızlı ulaşmaktadırlar (Cinsdikici M., vd., 1997) .

Yapay sinir ağlarının her biri farklı sorgulama tekniği kullabileceği gibi bazıları da bahsi geçen sorgulama tekniklerden ikisini birden (hibrid, ikili), aynı ağın sorgulamasında kullanabilirler. Sorgulama tekniğinin belirlenmesi tamamen, modeli geliştiren kişinin tercihine ve problemin karakteristiğine göre yapılmaktadır. Ancak basit bir genelleme ile, HD, ED, PGED gibi matematiksel uzaklık hesaplama fonksiyonlarının görüntü işleme ve örüntü tanıma problemlerinde sık kullanıldığı görülmektedir. Optimizasyon (en iyileme) problemlerinde ise $n = \Sigma\, Xi \cdot Wi$ ve $y=F(n)$ formüllerinin bir arada kullanılarak sorgulamanın sağlandığı görülmektedir.

2.1.7. Yapay Sinir Ağlarında Öğrenme Stratejileri

2.1.7.1. Danışmanlı Öğrenme (Supervised Learning)

Bu eğitimde, verilen giriş değerlerine karşılık gelen hedef çıktı değerleri vardır. Verilen değerlere göre hedef çıktıyı üretebilmek ağın görevidir. Ağın çıktıları sanki bir öğretmen varmış gibi hedef değerle kıyaslanır ve kabul edilebilir değerler arasında olup olmadığına göre eğitime devam edilir. Hedef değerler ile elde edilen değerler arasındaki farkın yani hatanın karelerinin ortalaması en küçük olacak şekilde ağırlıklar daima güncellenir ve işleme devam edilir (Şen, 2004).

Örneğin; göz rengi, boy, kilo, yaş, ayakkabı numarası kriterleri ile bir öğrencinin basketbol oynayabilir ya da oynayamaz şeklinde ayrımı yapılmak istensin. Bir öğretmen verilen kriterlere göre her öğrenciye "oynayabilir", "oynayamaz" bilgisi atasın. Eğer yapay sinir ağımız 100 kişilik böyle bir grubu öğrense ve ardından 100 kişinin içinden herhangi birinin göz rengi, boy, kilo, yaş, ayakkabı numarası verilerek, yapay sinir ağına sorulsaydı, yapay sinir ağı o öğrencinin oynayıp oynayamayacağının cevabını verecekti. Ağ burada öğrenmesini bir öğretmenle yapmıştır.

Delta Kuralı, Genelleştirilmiş Delta Kuralı, Rastsal Öğrenme Kuralı, Takviyeli Öğrenme Kuralı öğretmenli eğitim stratejilerinden bazılarıdır (Çorumluoğlu ve diğ., 2005), (Freeman ve Skapura, 1991).

2.1.7.2. Danışmansız Öğrenme (Unsupervised Learning)

Sınıflandırma problemlerinde kullanılan bir eğitim yöntemidir. Eğitimde hedef çıktı değerleri olmayıp ağa yalnızca giriş değerleri verilir ve sınıflandırma yapılacak örnekteki parametreler arasındaki ilişkileri ağın kendi kendine öğrenmesi beklenir. Sınıflandırma işleminde hedef olabildiğince farklı sınıflandırma yapmak olduğundan kullanıcının elde ettiği sınıfların ne anlama geldiğini yorumlaması gerekir.

Örnek olarak, 100 kişilik bir sınıfın göz rengi, boy, kilo, yaş, ayakkabı numarası yine girdi olarak kullanılsın. Yapay sinir ağı ilk gelen kişiyi bir sınıf olarak ilan edecek ve ardından sisteme verilen tüm girdileri buna benziyor ya da benzemiyor diye ayırt edecektir. Bu ayrımı yapabilmesi için 100 kişilik grubun değerleri 1000 kere sisteme tekrar tekrar verildiği takdirde, yapay sinir ağı en sonunda öğrenmesini tamamlayacak ve 2 sınıf öğrenmiş olacaktır. 1. Sınıf girdiye benzeyenler ve 2. Sınıf benzemeyenler. Başarıyla öğrenilmiş bu iki sınıf "hanımlar" ve "beyler" diye isimlendirilirler. Böyle bir ağ modeline yabancı bir kişinin bilgileri verilirse, sinir ağı bu kişiye doğru cinsiyetini söyleyecektir.

Danışmansız öğrenmeye günlük hayattaki, bisiklet sürmeyi öğrenmeye çalışan bir çocuğun önceki deneyimlerindeki yanlış hareketlerinin sonuçlarını gözleyerek bir sonraki denemede bu deneyimlerinden faydalanması, örnek olarak verilebilir.

Signal Hebbian Öğrenme Kuralı ve Diferansiyel Hebbian Öğrenme Kuralı öğretmensiz eğitim stratejisine örnek olarak verilebilir (Şen, 2004).

2.1.7.3. Destekleyici Öğrenme (Reinforcement learning)

Ağın hem öğretmenli ve hem öğretmensiz öğrenme işlemlerinin birkaçının birlikte kullanılarak eğitilmesine denir. Bu öğrenme yaklaşımında ağın her iterasyonu sonucunda elde ettiği sonucun iyi veya kötü olup olmadığına dair bir bilgi verilir. Ağ bu bilgilere göre kendini yeniden düzenler. Bu sayede ağ herhangi bir girdi dizisiyle hem öğrenerek hem de sonuç çıkararak işlemeye devam eder.

Örneğin satranç oynayan bir yapay sinir ağı yaptığı hamlenin iyi veya kötü olduğunu anlık olarak ayırt edememesine rağmen yine de hamleyi yapar. Eğer oyun sonuna geldiğinde program oyunu kazandıysa yaptığı hamlelerin iyi olduğunu varsayacaktır ve bundan sonraki oyunlarında benzer hamleleri iyi olarak değerlendirerek oynayacaktır.

Radyal ve olasılık tabanlı ağlar bunlara örnek olarak verilebilir.

2.1.8. Öğrenme Zamanına Göre Yapay Sinir Ağları

Yapay sinir ağları öğrenme zamanına göre de statik ve dinamik öğrenme olarak ikiye ayrılır.

Statik Öğrenme: Statik öğrenme kuralıyla çalışan yapay sinir ağları kullanmadan önce eğitilmektedir. Eğitim tamamlandıktan sonra ağ istenilen şekilde kullanılabilir. Ancak bu kullanım sırasında ağın üzerindeki ağırlıklarda herhangi bir değişiklik olmaz.

Dinamik Öğrenme: Dinamik öğrenme kuralı ise yapay sinir ağlarının çalıştığı süre boyunca öğrenmesini öngörerek tasarlanmıştır. Yapay sinir ağı eğitim aşaması bittikten sonra da daha sonraki kullanımlarında çıkışların onaylanmasına göre ağırlıklarını değiştirerek çalışmaya devam eder.

2.1.9. Bir YSA Modellemesinde Dikkat Edilecek Hususlar

Bir problemi YSA kullanarak çözmek istediğimizde şu işlem basamaklarını uygulamak gerekir.

1. Ağın eğitim ve testinde kullanılacak veriler toplanır. Değişkenin kaç tanesinin girdi, kaç tanesinin çıktı olacağına karar verilir, giriş ve çıkış katmanında kaçar hücre olacağı belirlenir.

2. Problemin türüne göre toplanan veriler eğitim ve test için ayrıştırılır. Bu ayrıştırmada belli bir oran olmasa da genellikle %70, %20 ve %10'luk paketlere ayrılır. Eğer veri dizisinde sıra önemli değilse örnekler veriler arasından rastgele seçilirse eğitim daha başarılı olur.

3. Ağın yapısına problemin çeşidine göre karar verilir.

4. Problemin türüne göre öğrenme yöntemi seçilir.

5. Ağa uygulanacak ilk değerler veri olarak alınır. Bu veriler ağa verilecek şekle getirilir ve ağın giriş katmanına uygulanır.

6. Eğitime başlanır, hatayı azaltmak için ağırlıklar sürekli güncellenir.

Hata kabul edilebilir sınırlara geldiğinde eğitim durdurulur ve ağ test edilir. Paketlere ayrılan verilerin ilk paketi ile eğitim gerçekleştirildikten sonra buradan elde edilen ağırlıklar ikinci veri paketine uygulanır. Eğer ikinci paketteki eğitimden (onaylama-validation) sonra ağırlıklardaki değişimler ihmal edilebilir düzeyde ise ağ kullanılmaya hazır demektir. Eğer testlerde kabul edilebilir sonuçlar elde edilmemiş ise şu işlemler yapılabilir.

1. Eğitim için daha fazla ve daha uygun veriler toplanıp ağa uygulanabilir.

2. Eğitim ve test için ayrılan veriler tekrar düzenlenebilir.

3. Başka bir YSA modeli kullanılabilir veya ağın yapısı değiştirilebilir.

4. Öğrenme algoritması değiştirilebilir.

5. Başlangıç değerleri yenilenip ağ yeniden eğitilebilir (Yıldız, 2006).

2.1.10. Yapay Sinir Ağlarının Eğitilmesi

İnsan beyni doğumdan sonraki gelişme sürecinde çevresinden duyu organlarıyla algıladığı uyarıları yorumlar ve bu bilgileri diğer hayatının içerisinde kullanır.

Yaşadıkça beyin gelişir ve tecrübelenir. Tecrübelerini kullanarak olaylar karşısında nasıl tepki göstereceğini çoğu zaman bilmektedir. Ancak hiç karşılaşmadığı bir olay karşısında şaşkınlık yaşayabilir. Yapay sinir ağlarının öğrenme sürecinde de dış ortamdan girişler (uyarılar) alınır, aktivasyon fonksiyonundan geçirilerek bir tepki çıkışı üretilir. Bu çıkış yine tecrübeyle verilen çıkışla karşılaştırılarak hata bulunur.

Çeşitli öğrenme algoritmalarıyla hata azaltılıp gerçek çıkışa yaklaşılmaya çalışılır. Bu çalışma süresince yenilenen yapay sinir ağının ağırlıklarıdır. Ağırlıklar her bir çevrimde yenilenerek amaca ulaşılmaya çalışılır. Amaca ulaşmanın veya yaklaşmanın ölçüsü de yine dışarıdan verilen bir değerdir. Eğer yapay sinir ağı verilen giriş-çıkış çiftleriyle amaca ulaşmış ise ağırlık değerleri saklanır.

Ağırlıkların sürekli yenilenerek istenilen sonuca ulaşılmasına öğrenme adı verilir. Yapay sinir ağı öğrendikten sonra daha önce verilmeyen girişler verilip, sinir ağının ürettiği çıkışıyla gerçek çıkışın birbirine ne kadar yakınlıkta olduğuna bakılır. Eğer yeni verilen örnekler için de elde edilen çıktı gerçek çıktıya yakın bir değerse sinir ağı işi öğrenmiş demektir. Sinir ağına verilen örnek sayısı optimum değerden fazla ise sinir ağı işi öğrenmemiş, ezberlemiş demektir. Genelde eldeki örneklerin %80 sinir ağına verilerek ağ eğitilir. Daha sonra kalan %20 lik kısım verilip ağın, verilen örneklerin gerçek değerlerine ne kadar yakınlıkta sonuçlar ürettiğine bakılarak ağın başarısı yorumlanır. Böylece ağın testi yapılmış olur.Ağın eğitimini aşağıdaki gibi adım adım gerçekleştirebiliriz.

Örneklerin toplanması eğitime başlamanın ilk adımıdır. Yani ağın öğrenmesi istenilen olay için daha önce gerçekleşmiş örneklerin bulunması adımıdır. Ağın eğitilmesi için örnekler toplandığı gibi (eğitim seti) ağın test edilmesi için de örneklerin (test seti) toplanması gerekmektedir. Eğitim setindeki örnekler tek tek gösterilerek ağın olayı öğrenmesi sağlanır. Ağ olayı öğrendikten sonra test setindeki örnekler gösterilerek ağın performansı ölçülür. Hiç görmediği örnekler karşısındaki başarısı ağın iyi öğrenip öğrenmediğini ortaya koyar.

Örnekler toparlandıktan sonra ağın topolojik yapısının belirlenmesi gerekir. Başka bir ifade ile, öğrenilmesi istenen olay için oluşturulacak olan ağın topolojik yapısı belirlenir. Kaç tane girdi ünitesi, kaç tane ara (gizli) katman, her ara katmanda kaç tane nöron, kaç tane çıktı olması gerektiği bu adımda belirlenmektedir.

Öğrenme parametrelerinin belirlenmesi adımında, ağın öğrenme katsayısı, nöronların toplama ve aktivasyon fonksiyonları, momentum katsayısı gibi parametreler belirlenmektedir.

Ağırlıkların başlangıç değerlerinin atanması adımında, nöronları birbirlerine bağlayan ağırlık değerlerinin ve eşik değer ünitesinin başlangıç değerlerinin atanması yapılır. Başlangıçta genellikle rastgele değerler atanır. Daha sonra ağ uygun değerleri öğrenme sırasında kendisi belirler.

Öğrenme setinden örneklerin seçilmesi ve ağa gösterilmesi adımında ise, ağın öğrenmeye başlaması ve öğrenme kuralına uygun olarak ağırlıkları değiştirmesi için ağa örnekler belirli bir düzeneğe göre gösterilir.

Öğrenme sırasında ileri hesaplamaların yapılması aşamasında verilen girdi için ağın çıktı değerleri hesaplanır.

Elde edilen çıktının beklenen çıktı ile karşılaştırılması yapılarak ağın ürettiği değerin gerçek değerle farkı hata değerleri olarak hesaplanır.

Bulunan hata değerlerinin azaltılması için geri hesaplama yöntemi uygulanarak ağırlıklar değiştirilip yapay sinir ağına yeni ağırlık değeri olarak verilir.

Öğrenme işlemi, ileri beslemeli sinir ağı öğrenmeyi tamamlayıncaya, yani gerçekleşen ile beklenen çıktılar arasındaki hatalar kabul edilir düzeye ininceye kadar devam eder.

Ağın kendisine gösterilen girdi örneği için beklenen çıktıyı üretmesini sağlayacak ağırlık değerleri başlangıçta rastgele atanmakta ve ağa örnekler gösterildikçe ağırlıklar değiştirilerek istenen değerlere ulaşması sağlanmaktadır. İstenen ağırlık değerlerinin ne olduğu öğrenme gerçekleşinceye kadar bilinememektedir. Bu nedenle YSA nın davranışlarını eğitimden önce yorumlamak ve açıklamak mümkün olmaz.

Bazı durumlarda ağın takıldığı yer hata düzeyinin üstünde kalabilir. Bu durumda ağın olayı öğrenmesi için, başlangıç değerlerinde, ağ topolojisinde, ağın parametrelerinde bazı değişiklikler yapılarak yeniden eğitilmesi gerekir. Bunlardan başka, ağa sunulan verilerin gösterimi ve örneklerin formülasyonu değiştirilerek yeni örnek seti oluşturulabilir yada öğrenme setindeki örneklerin sayısı artırılabilir veya azaltılabilir.

Bazı durumlarda da, ileri beslemeli sinir ağının yerel sonuçlara takılıp kalmaması için momentum katsayısı geliştirilmiştir. Ağların eğitilmesinde diğer önemli bir sorun ise öğrenme süresinin çok uzun olmasıdır. Ağırlık değerleri başlangıçta büyük değerler olması durumunda ağın yerel sonuçlara düşmesi ve bir lokal sonuçtan diğerine sıçramasına sebep olmaktadır. Eğer ağırlıklar küçük aralıkta seçilirse o zaman da ağırlıkların doğru değerleri bulması uzun zamanlar almaktadır. Bazı problemlerin çözümü sadece 200 iterasyon sürerken bazıları 5-10 milyon iterasyon sürmektedir.

Ağın öğrenmesinin gösterilmesinin en güzel yolu hata grafiğini çizmektir. Her iterasyonda oluşan hatanın grafiği çizilirse hatanın zaman içinde düştüğü gözlenebilir. Belirli bir iterasyondan sonra hatanın daha fazla azalmayacağı görülür. Bu ağın öğrenmesinin durduğu ve daha iyi bir sonuç bulunamayacağı anlamına gelir. Eğer elde edilen çözüm kabul edilemez ise o zaman ağ yerel bir çözüme takılmış demektir.

2.1.11. Katsayıların Belirlenmesi

İleri beslemeli sinir ağında bağlantıların ağırlık değerlerinin başlangıçta belirlenmesi ağın performansını yakından ilgilendirmektedir. Genel olarak ağırlıklar belirli aralıklarda atanmaktadır. Bu aralık eğer büyük tutulursa yerel çözümler arasında sürekli dolaştığı küçük olması durumunda ise öğrenmenin geç gerçekleştiği görülmüştür. Bu değerlerin atanması için henüz standart bir yöntem yoktur. Tecrübeler 0.1 ile 1.0 arasındaki değerlerin başarılı sonuçlar ürettiğini göstermektedir. Ancak gerçek sonuçları elde etmemizi sağlayan ağırlık değerleri tamamen öğrenilmesi istenen problemin niteliğine bağlıdır.

Başlangıç değerleri kadar öğrenme katsayılarının belirlenmesi de ağın öğrenme performansı ile yakından ilgilidir. Öğrenme katsayısı ağırlıkların değişim miktarını belirlemektedir. Eğer büyük değerler seçilirse o zaman yerel çözümler arasında ağın dolaşması ve osilasyon yaşaması söz konusu olmaktadır. Küçük değerler seçilmesi ise ağırlık değerlerinin seçiminde olduğu gibi öğrenme zamanını artırmaktadır. Tecrübeler genellikle 0.2-0.4 arasındaki değerlerin kullanıldığını göstermiştir. Bazı uygulamalar öğrenme katsayısının 0.6 değerini aldığı zaman en başarılı sonuçları verdiği göstermiştir. Yine de bu durum da tamamen probleme bağlıdır.

Benzer şekilde momentum katsayısı da öğrenmenin performansını etkiler. Momentum katsayısı bir önceki iterasyondaki değişimin belirli bir oranının yeni değişim miktarına eklenmesidir. Momentum katsayısının belirlenmesi, özellikle yerel çözümlere takılan ağların sıçrama ile daha iyi sonuçlar bulmasını sağlamak amacıyla önerilmiştir. Bu değerlerin küçük olması yerel çözümlerden kurtulmayı zorlaştırabilir. Çok büyük değerler ise çözüme ulaşmada sorunlar yaşatabilir. Tecrübeler momentum katsayısının 0.6-0.8 arasında seçilmesinin uygun olacağını göstermiştir. Problemin niteliğine göre kullanıcının bu değerleri tecrübesiyle seçip kullanmasında fayda vardır.

2.1.12. Örnek Problem

XOR problemini YSA ile çözen bir program yazıp, adım adım çözelim. Öncelikle Şekil 2.14 de görüldüğü gibi Yapay sinir ağı çözüm şemasını çizelim.

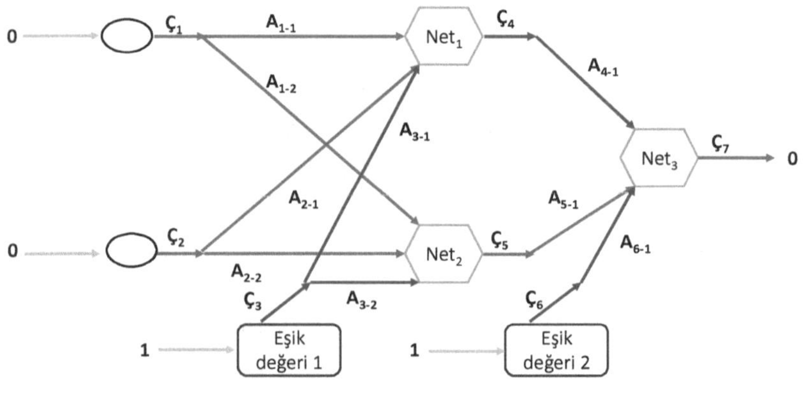

Şekil 2.14: Yapay sinir ağı çözüm şeması

Rasgele alınan ağırlık (W=A) değerleri :

$A_{1\text{-}1}$= 0,123157 $A_{2\text{-}1}$= 0,879143 $A_{3\text{-}1}$= -0,431237 $A_{4\text{-}1}$= -0,744522

$A_{1\text{-}2}$= 0,698345 $A_{2\text{-}2}$= 0,418541 $A_{3\text{-}2}$= -0,233843 $A_{5\text{-}1}$= 0,922642

$A_{6\text{-}1}$= 0,855912

Çözümde ileriye doğru hesaplama yöntemini kullanalım; İlk giriş değerleri, ilk katman olan girdi katmanındaki çıkış değerlerine eşittir. Şekil 2.15 de görülen Giriş katmanındaki çıkış değerlerini Ç1, Ç2 ve eşik değeri 1'in çıkışı Ç3'ü hesaplayalım

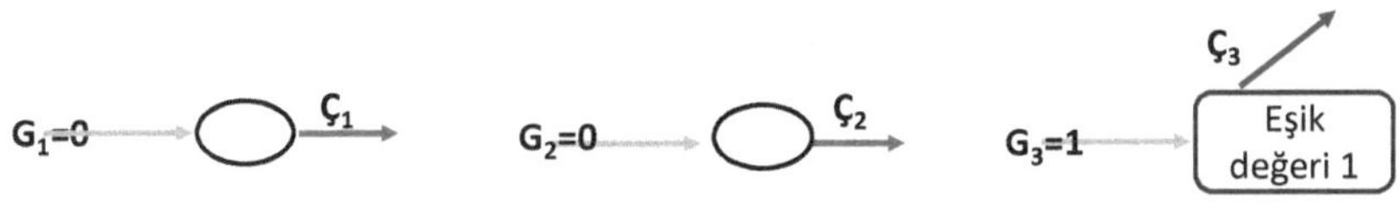

Şekil 2.15: Hesaplamadaki ilk adım

G1=Ç1=0, G2=Ç2=0, G3=Ç3=1

İkinci katman olan ara katmana giriş değerlerini hesaplamak için giriş katmanından gelen çıkış değerleri ile ağırlık değerlerinin çarpımlarını toplarız. Aşağıda Şekil 2.16 ve Şekil 2.17 de iki ara katmanın giriş değerleri hesaplanmıştır.

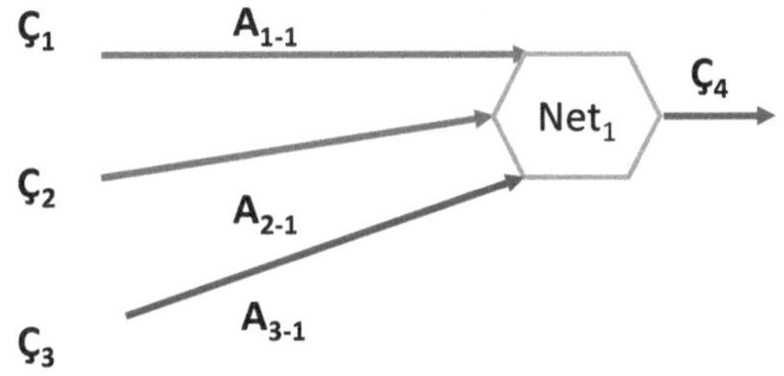

Şekil 2.16: Net1 fonksiyonuna girenler ve çıkanlar

$Net_1 = \sum_{i=1}^{3} Ç_i * A_i$ → $Net_1 = Ç_1 * A_1 + Ç_2 * A_2 + Ç_3 * A_3$

Net1= 0* 0,123157+0* 0,879143+(-0,431237)= -0,431237

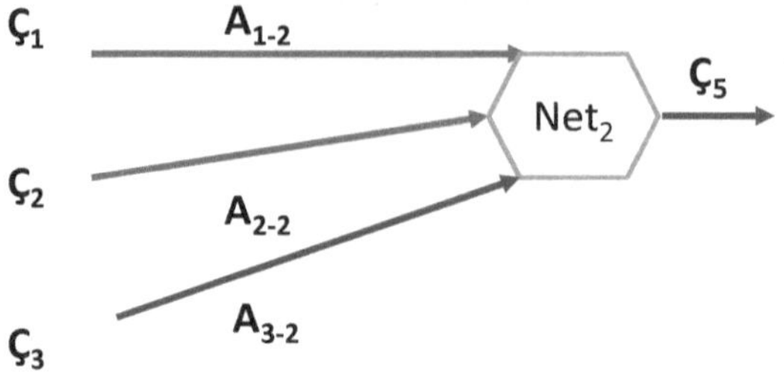

Şekil 2.17: Net2 fonksiyonuna girenler ve çıkanlar

$Net_2 = \sum_{i=1}^{3} Ç_i * A_i$ ⟶ $Net_2 = Ç_1 * A_1 + Ç_2 * A_2 + Ç_3 * A_3$

Net2=0*0,698345+0*0,418541+1*(-0,233843)= -0,233843

Ara katmanların çıkış değerleri F(Net) formülüyle hesaplanmaktadır. İki ara katmanın çıkış değerlerini Ç4, Ç5 'i ve eşik değeri 2'i hesaplayalım (Şekil 2.18).

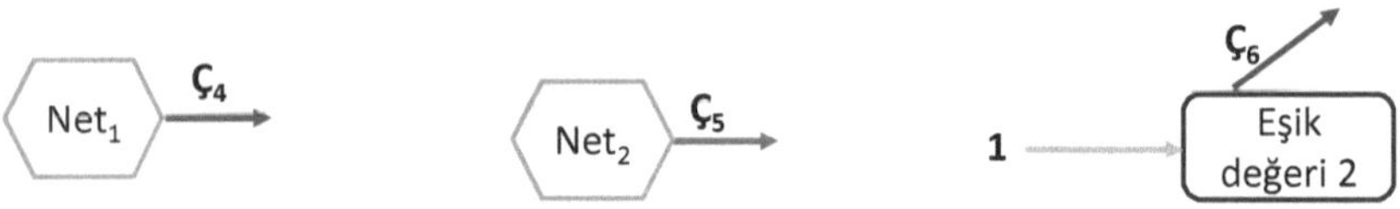

Şekil 2.18: Net1, Net2 ve eşik değeri 2 den çıkanlar

Ç4= F(Net1)=1/(1+e^{-Net1}) = F(Net1)=1/(1+$e^{0,431237}$)= 0,3938309861

Ç5= F(Net2)=1/(1+e^{-Net2}) = F(Net2)=1/(1+$e^{0,233843}$)= 0,44180419984

Ç6=1

Üçüncü katman olan çıktı katmanının giriş değeri ara katmanın giriş değerinin hesaplanması ile aynıdır. Şekil 2.19 da açıkca görüldüğü gibi çıktı katmanının giriş değerini hesaplayalım;

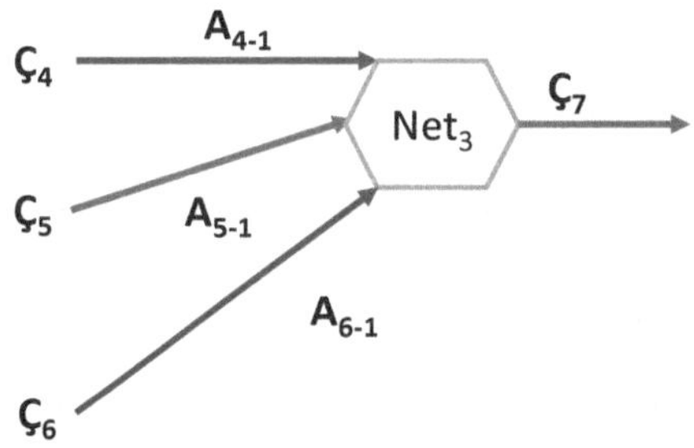

Şekil 2.19: Net3 fonksiyonuna girenler ve çıkanlar

$Net_3 = \sum_{i=4}^{6} Ç_i * A_i$ → $Net_3=Ç_4*A_4+Ç_5*A_5+Ç_6*A_6$

Net3=0,3938309861*-0,744522+0,44180419984*0,922642+1*0,855912= 0.97032327711

Şekil 2.20 de de görüldüğü gibi son çıkış Ç7'yi hesaplayalım.

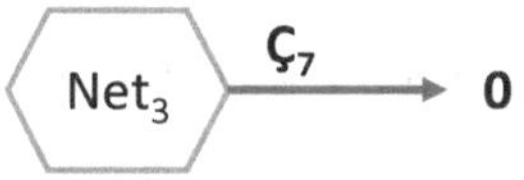

Şekil 2.20: Net3 ten çıkanlar

Ç7= F(Net3)=1/(1+e^{-Net3}) = 1/(1+e$^{-0.97032327711}$)=0.72518392908

Beklenen çıktı 1 olduğuna göre ağın hatası Em=1-0.72518392908=0,274816

Ağın hatası beklediğimizden büyük olduğundan şimdi geriye doğru hesaplama yöntemi kullanalım; Ara katman ile çıktı katmanı arasındaki ağırlıkların değişim miktarını hesaplayalım;

Ç7=0,72518392908

Beklenen çıktı 1 olduğuna göre ağın hatası Em=1-0,72518392908=0,274816

δm = 0,72518392908(1-0,72518392908)*0,274816=0,0547686847

$\Delta A_{jm}(t)=\lambda^* \delta_m{}^*Ç_{jm}+\alpha^*\Delta A_{jm}(t-1)$

$\Delta A_{4\text{-}1}(t)=\lambda^* \delta m^*Ç_4+\alpha^*\Delta Ajm(t-1)$

$\Delta A_{4\text{-}1}(t)=0{,}5^* 0{,}0547686847^*0{,}3938309861+0{,}8^*0=0{,}01078480255$

$\Delta A_{5\text{-}1}(t)=\lambda^* \delta m^*Ç_5+\alpha^*\Delta Ajm(t-1)$

$\Delta A_{5\text{-}1}(t)=0{,}5^* 0{,}0547686847^* 0{,}44180419984+0{,}8^*0=0{,}01209851746$

$\Delta A_{6\text{-}1}(t)=\lambda^* \delta m^*Ç_6+\alpha^*\Delta Ajm(t-1)$

$\Delta A_{6\text{-}1}(t)=0{,}5^* 0{,}0547686847^* 1+0{,}8^*0=0{,}02738434235$

Ağırlıklardaki değişim miktarı ile şimdide girdi katmanı ile ara katman arasındaki ağırlıkları hesaplayalım.

$A_k(t)= A_k(t-1)+ \Delta A_k(t)$

$A_{4\text{-}1}(t)= A_{4\text{-}1}(t-1)+ \Delta A_{4\text{-}1}(t)= -0{,}744522-0{,}01078480255= -0{,}75530680255$

$A_{5\text{-}1}(t)= A_{5\text{-}1}(t-1)+ \Delta A_{5\text{-}1}(t)= 0{,}922642-0{,}01209851746=0{,}91054348254$

$A_{6\text{-}1}(t)= A_{6\text{-}1}(t-1)+ \Delta A_{6\text{-}1}(t)= 0{,}855912-0{,}02738434235=0{,}82852765765$

Ara katmandaki hata oranları ve değişim miktarları;

$$\delta_j^a = Ç_j^a(1 - Ç_j^a)\sum_m \delta_j A_{jm}^a(t-1)$$

$$\delta_4^a = Ç_4^a(1 - Ç_4^a)\sum_m \delta_4 A_{4-1}^a(t-1)$$

$$\delta_4^a = 0{,}3938309861 * (1 - 0{,}3938309861) * 0{,}0547686847 * (-0{,}75530680255)$$

$$\delta_4^a = -0{,}00987550521$$

$$\delta_5^a = Ç_5^a(1 - Ç_5^a)\sum_m \delta_5 A_{5-1}^a(t-1)$$

$$\delta_5^a = 0{,}44180419984 * (1 - 0{,}44180419984) * 0{,}0547686847 * (0{,}01209851746)$$

$\delta_5^a = 0{,}00016341084$

$\Delta A_{jm}(t)=\lambda^* \delta_m{}^* Ç_{jm}+\alpha^*\Delta A_{jm}(t-1)$

$\Delta A_{1-1}(t)$= 0,5*(-0,00987550521)*0+0,8*0=0

$\Delta A_{1-2}(t)$= 0,5*(-0,00987550521)*0+0,8*0=0

$\Delta A_{2-1}(t)$= 0,5*0,00016341084*0+0,8*0=0

$\Delta A_{2-2}(t)$= 0,5*0,00016341084*0+0,8*0=0

$\Delta A_{3-1}(t)$= 0,5*(-0,00987550521)*1+0,8*0=-0,0049377526

$\Delta A_{3-2}(t)$= 0,5*0,00016341084*1+0,8*0=0,00008170542

Birinci iterasyon bittikten sonraki problemin durumu Şekil 2.21 gibidir;

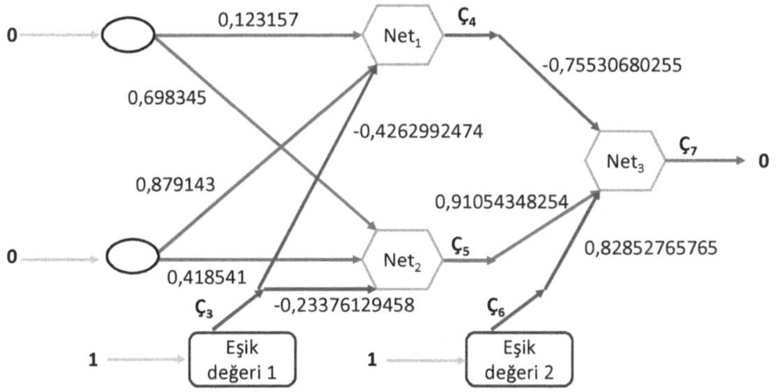

Şekil 2.21: Yapay sinir ağı

Girdi katmanı ile ara katman arasındaki ağırlıklar;

$A_k(t)= A_k(t-1)+\Delta A_k(t)$

$A_{1-1}(t)= A_{1-1}(t-1)+\Delta A_{1-1}(t)$= 0,123157+0=0,123157

$A_{1-2}(t)= A_{1-2}(t-1)+\Delta A_{1-2}(t)$= 0,698345+0=0,698345

$A_{2-1}(t)= A_{2-1}(t-1)+\Delta A_{2-1}(t)$= 0,879143+0=0,879143

$A_{2-2}(t)= A_{2-2}(t-1)+\Delta A_{2-2}(t)= 0,418541+0=0,418541$

$A_{3-1}(t)= A_{3-1}(t-1)+\Delta A_{3-1}(t)=-0,431237+0,0049377526=-0,4262992474$

$A_{3-2}(t)= A_{3-2}(t-1)+\Delta A_{3-2}(t)=-0,233843+0,00008170542=-0,23376129458$

2.1.13. Yapay Sinir Ağlarının Genel Özellikleri

Yapılan çalışmalarla değişik amaçlı çok sayıda sinir ağı geliştirilmiştir. Bunların yapısı, çalışması, işlem prensibi farklı olsa da bazı ortak özellikleri bulunmaktadır.

Bu özellikler, öğrenme, genelleme, hata, tolerans, paralel çalışma, uygulanabilirlilik, doğrusal olmama, bilginin saklanması, dereceli bozulma, kendi ilişkisini oluşturma, algılamaya yönelik alanlarda kullanılabilirlilik, sınırsız sayıda değişken ve parametre kullanımıdır (Tebelkis, 1995), (Öztemel, 2003).

2.1.14. YSA'ların Avantajları

YSA'nın hesaplama ve bilgi işleme gücünü, paralel işlem yapabilmesi, öğrenebilme ve genelleme yeteneğinden aldığı söylenebilir. Genelleme, eğitim ya da öğrenme sürecinde karşılaşılmayan girişler için de YSA'nın uygun tepkileri üretmesi olarak tanımlanır. Bu üstün özellikleriyle, YSA'nın karmaşık problemleri çözebilme yeteneği de yüksektir.

1. Birçok hücreden meydana gelen YSA'lar daki bu hücreler eş zamanlı olarak çalışarak karmaşık işlevleri yerine getirir. Diğer bir değişle karmaşık işlevler birçok hücrenin eş zamanlı çalışması ile meydana getirilir. Süreç içerisinde bu hücrelerden her hangi biri işlevini yitirse dahi sistem güvenli bir şekilde çalışmasına devam edebilir.

2. Eğitim esnasında kullanılan sayısal bilgilerden, problemin genel özelliklerini elde etmesi ve böylelikle eğitim sırasında kullanılmayan girdiler için de, anlamlı yanıtlar üretebilmesi de bir diğer avantajıdır.

3. Yapı üzerinde dağılmış belli tipteki non-lineer alt birimler, non lineer problemlerin de çözümünü mümkün kılmaktadır. YSA, özellikle doğrusal olmayan karmaşık problemlerin çözümünde en önemli araç durumuna gelmiştir (HAYKIN, 1994)

4. YSA'lar makina öğrenmesi gerçekleştirebilirler. Zaten, yapay sinir ağlarının temel işlevi bilgisayarın öğrenmesini sağlamaktır. Yani makinalar olayları öğrenerek benzer olaylar karşısında mantıklı kararlar verebilirler.

5. YSA'ların bilgi işleme yöntemleri geleneksel programlamadan farklı olduğundan, geleneksel programlamanın getirdiği birçok olumsuzluk, YSA kullanılarak ortadan kaldırılabilir.

6. YSA da bilgiler ağın tamamında saklanır. Geleneksel programlamada olduğu gibi bilgiler veri tabanları ya da dosyalarda belli bir düzende tutulmaz, bilgiler ağın tamamına yayılarak ağ bağlantılarında saklanmaktadır. Hücrelerden bazılarının işlevini yitirmesi, anlamlı bilginin kaybolmasına neden olamaz.

7. YSA'lar dağıtık belleğe sahiptirler, yani YSA'larda bilgi ağa dağılmış bir şekilde tutulur. Hücrelerin bağlantı ve ağırlık dereceleri hep birlikte bir anlam ifade ederler ve ağın bilgisini gösterirler. Bundan dolayı tek bir bağlantının kendi başına anlamı yoktur.

8. Girdi olarak verilen örnekleri kullanarak öğrenirler. YSA'nın öğrenebilmesi için örneklerin belirlenmesi, bu örneklerin ağa gösterilerek istenen çıktılara göre ağın eğitilmesi gerekmektedir. Ağın başarısı, iyi seçilen veya problemlerle yakından alakalı olan örnekler ile doğru orantılıdır, ağa olay bütün yönleri ile gösterilemezse ağ yanlış çıktılar üretebilir.

9. YSA'lar eğitimleri sırasında kendilerine verilen örneklerden genellemeler çıkarırlar ve bu genellemeler ile daha önce görmedikleri yeni örnekler hakkında bilgi üretebilirler.

10. YSA'ların en başarılı oldukları alanlar, algılamaya yönelik uygulama alanlarıdır. Bu alanlarda başarıları kanıtlandığı için algılamaya yönelik olaylarda kullanılabilirler.

11. Örüntü (pattern) ilişkilendirme, kümeleme ve sınıflandırma yapabilirler. YSA'lar kendilerine örnekler halinde verilen örüntüleri kendisi veya diğerleri ile ilişkilendirebilir. Ayrıca kendisine verilen örneklerin kümelenmesi ile bir sonraki verinin hangi kümeye dâhil olacağının karar verilmesi konusunda kullanılabilirler.

12. Eğitilip makinanın öğrenmesi sağlandığı için örüntü tamamlama yapabilirler. Ağa eksik bilgileri içeren örüntüler verildiğinde eksik bilgilerin tamamlanması konusunda başarılıdırlar.

13. Kendi kendine öğrenebilme ve organize etme yetenekleri olan YSA'lar online olarak öğrenebilirler ve kendi kendilerini eğitebilirler.

14. Geleneksel sistemlerin aksine YSA'lar eğitildikten sonra veriler eksik bilgi içerse dahi, çıktı üretebilirler yani YSA'lar eksik bilgi ile de çalışabilmektedirler. Bu durum bir performans kaybına neden olmaz, performans kaybı eksik bilginin önemine bağlıdır. Burada bilgilerin önem dereceleri eğitim sırasında öğrenilir.

15. Hata toleransına sahiptirler. YSA, çok sayıda hücrenin çeşitli şekillerde bağlanmasından oluştuğundan paralel dağıtık bir yapıya sahiptir ve ağın sahip olduğu bilgi, ağdaki bütün bağlantılar üzerine dağılmış durumdadır. Bu nedenle, eğitilmiş bir YSA'nın bazı bağlantılarının hatta bazı hücrelerinin etkisiz hale gelmesi, ağın doğru bilgi üretmesini önemli ölçüde etkilemez. YSA'ların eksik bilgilerle çalışabilmeleri ve bazı hücrelerinin bozulmasına rağmen bile çalışabilmeleri, onların hatalara karşı toleranslı olduğunu göstermektedir.

16. YSA'lar dereceli bozulma (Graceful degradation) gösterirler. Bir ağ, zaman içerisinde yavaş ve göreceli bir bozulmaya uğrar. Ağlar problemin ortaya çıktığı anda hemen bozulmazlar.

17. Sistemin paralelliği ile toplamsal işlev yapısal olarak nöronlara dağılmışlardır (ÖZTEMEL, 2003). Diğer bir deyişle birçok nöron eş zamanlı olarak çalışır ve karmaşık bir işlev birçok küçük nöron aktivitesinin bir araya gelmesinden oluşur.

18. YSA, paralel yapısı nedeniyle büyük ölçekli entegre devre (VLSI) teknolojisi ile gerçeklenebilir. Bu özellik, YSA'nın hızlı bilgi işleme yeteneğini artırır ve gerçek zamanlı uygulamalarda kullanılabilmesini mümkün kılar.

19. YSA'nın temel işlem elemanı olan hücrenin yapısı ve modeli, bütün YSA yapılarında hemen hemen (yaklaşık) aynıdır. Dolayısıyla, YSA'nın farklı uygulama alanlarındaki yapıları da standart yapıdaki bu hücrelerden oluşacaktır. Bu nedenle, farklı uygulama alanlarında kullanılan farklı mimarilerdeki YSA'lar, benzer öğrenme

algoritmalarını ve teorilerini paylaşabilirler. Bu özellik, problemlerin YSA ile çözümünde önemli bir kolaylık getirecektir. Yani kısaca YSA analiz ve tasarım kolaylığına sahiptir.

2.1.15. Yapay Sinir Ağlarının Dezavantajları

1. YSA'lar üzerinde çalışacağı donanıma çok fazla bağımlıdır. Paralel işlem yaptıklarından gerçek zamanlı işlemlerde çok hızlı çalışan paralel işlemcilere ihtiyaç duyarlar. Dolayısıyla donanıma bağımlı olmaları YSA'lar için en önemli sorundur.

2. YSA'lar her çeşit problemin çözümü için aynı yapıda kullanılamazlar. Probleme göre ağ yapısında (hücre, katman sayıları vb.) ve verilerin (ağırlık, eşik vb. değerleri) girilmesinde değişiklik yapılması gerekmektedir. Eğer değişiklik yapılmadan aynen kullanılırlarsa ilgisiz ve kabul edilmez sonuçlar üretebilirler.

3. YSA'larda probleme uygun ağ yapısının belirlenmesinde belli bir kural olmadığı için, uygun ağ yapısı deneyim ve deneme yanılma yöntemi ile yapıldığından doğru ağ modeli kullanılmazsa performansı düşük sonuçlar elde edilebilir.

4. YSA'nın ürettiği sonuçlardan ağırlıkların yorumlanması zordur, YSA modeli kapalı bir kutu gibi düşünülebilir. Diğer bir ifade ile YSA bir probleme çözüm ürettiği zaman, bunun neden ve nasıl olduğuna ilişkin bir ipucu vermez.

5. Ağın davranışlarını açıklamak kolay olmaz, bu da ağa olan güveni azaltır. Özellikle hayati öneme sahip konularda ürettiği sonucun nedeninin açıklanamaması kullanım alanını daraltmaktadır.

6. YSA'lar sayısal bilgilerle çalışmaktadır. Bu nedenle ağı eğitmek önemlidir. Tüm verilerin ağa girmeden önce sayısallaştırılıp ölçeklendirilmesi gereklidir. Bu işlemdeki başarı kullanıcının tecrübesi ile doğru orantılıdır.

7. Bir diğer dezavantaj da ağın ne kadar eğitileceğinin bilinmemesidir. Her zaman hatanın kabul edilebilir değer içerisinde kalmasıyla eğitim tamamlanır ama bunun doğru bir çözüm olacağı kesin değildir. Yine ağın yerel minimum veya maksimuma (stuck at local minima or maksima) takılması ya da ezberlemesi de bir dezavantajdır (Yıldız, 2006).

2.1.16. Geleneksel Algoritmalar ile YSA'ların Karşılaştırılması

Geleneksel algoritmalar ile YSA'ların karşılaştırılmasını Çizelge 2.7 da görüldüğü gibi yapabiliriz.

Çizelge 2.7: Geleneksel algoritmalar ile YSA'ların karşılaştırılması

Geleneksel Algoritmalar	Yapay Sinir Ağları
Koyulan kurallara girişlerin uygulanması ile çıkışlar elde edilir.	Öğrenme esnasında giriş çıkış bilgileri verilerek, kurallar koyulur.
Hesaplama; merkezi, eş zamanlı ve ardışıldır.	Hesaplama; toplu, eş zamansız ve öğrenmeden sonra paraleldir.
Bellek paketlenmiş ve hazır bilgi depolanmıştır	Bellek ayrılmış ve ağa yayılmıştır.
Hata töleransı yoktur.	Hata töleransı vardır.
Nisbeten hızlıdır.	Yavaş ve donanıma bağımlıdır.
Bilgiler ve algoritmalar kesindir.	Deneyimden yararlanır.

2.1.17. Yapay Sinir Ağlarının Uygulama Alanları

Günümüzde oldukça zor ve karmaşık problemleri çözebilmek için sıradan algoritmalarla çözümlenemeyecek derecede zeki algoritmalara ihtiyaç duyar hale gelinmiştir. Bir diğer taraftan da, problemi oluşturan sebeplerin sürekli dinamik olarak değişimi klasik algoritmaların, problemin çözümüne başlamadan tıkanmasına sebeb olmaktadır. Başka bir açıdan bakılacak olunursa günümüz problemlerini çözebilmek için hataya toleranslı yaklaşımda bulunabilecek algoritmalara ihtiyaç duyulmaktadır. Örneğin, internet ağı üzerindeki trafiğin yoğunluğu artınca paketler için bir limit konulacaktır. Bu limiti algılayan algoritmalar, kesin olarak paket gönderimini durduracak yahut kesin bir zaman dilimi uygulamasına giderek paketleri o zaman dilimlerinde göndererek trafiğin yoğunluğunu kontrol altına almaya çalışacaktır. Oysaki yapay sinir ağları yardımıyla ağın trafik yoğunluğu sürekli dinlenmekte, trafiğin dinamik değerine bakılarak paket gönderimi üzerine karar verilebilmektedir. Böylece yapay sinir ağlarının dinamik ve hatalara açık durumlara toleranslı yaklaşabilme özelliği, yapay sinir ağlarının kullanımının her geçen gün artarak yaygınlaşmasına sebeb olmaktadır.

Değişen durumlardan kaynaklanan dinamik değerlerin akışının kontrolü karmaşık ortamları doğurmaktadır. Örneğin yönlendirme (routing) yapan klasik bir algoritma, trafiğin yoğunlaşması ya da iletişim hattı üzerindeki düğümlerden birinin devre dışı kalması gibi sebeplerden dolayı ağın yapısında meydana gelen dinamik değişimi algılamakta güçlük çekecek ve algıladığı zaman ise yönlendirme tablolarını güncelleyemeyecektir.

Yapay sinir ağları, karar verme mekanizması olarak kullanılabilme özelliklerinden dolayı da tercih edilmektedir. İyi bir sınıflandırma karakteristiğine sahip olan yapay sinir ağı modelleri, sorgulanan bilginin hangi sınıfa ait olduğunun cevabını vereceğinden o girdi üzerinde karar vermiş olacaktır. Örneğin A hastalığının olup olmadığına dair eğitilen bir yapay sinir ağı modeli, bir hastanın şikâyetleri girildiğinde doktorun görevini üstlenebilecek ve kişide A sınıfı hastalığı olduğunu ve buna göre tedavi olması için gerekenleri karar verip hastaya bildirebilecektir. Bu tip kullanım sahasına ülkemizde ki akademik çalışma yapan tıp fakültelerinde artık rastlanabilinmektedir.

Yukarıdaki özellikleriyle yapay sinir ağları günümüzde; sinyal işleme, kontrol mekanizmaları, görüntü işleme, örüntü tanıma, tip, ses algılama gibi birçok sahada kendini kanıtlamıştır. Her birine küçük birer örnek vermek gerekecek olursa; sinyal işlemede, sinyallerin gönderildiği frekans aralıklarında oluşan gürültülerin belirlenip temizlenmesinde yapay sinir ağları kullanılmaktadır. Kontrol mekanizmaları sahasında stepper motorların kumanda edilişi, hareketlerinin kontrolü yine yapay sinir ağları modelleriyle sağlanmaktadır. Yine kontrol mekanizmalarına örnek olarak, bilgisayar ağlarında bağlantı kurulması için servis kalitesi parametrelerinin kontrolünün sağlanması yine yapay sinir ağları ile temin edilmektedir. Görüntü işleme alanından bir örnek ise, fotoğrafın renklerinin görsel kalitesinde kayıp olmadan sahip olduğu 16 milyon rengin 256 renge düşürülmesinde yine yapay sinir ağının başarılı kullanımı görülmektedir (Cinsdikici M.,vd., 1997). Örüntü tanıma sahasında, karakter tanıma, yüz tanıma, parmak izi tanıma problemlerinin çözümleri yine yapay sinir ağlarıyla sağlanmaktadır. Tip alanında, hastalık teşhisi ve her hastanın özelliklerine göre tedavi seçimi uygulamalarında da yapay sinir ağları karşımıza çıkmaktadır. Ses algılama konusunda, özellikle güvenlik sistemleri ve ses kontrollü cihazları ya da yazılım geliştirilmesinde yine kullanımına rastladığımız YSA modelleri mevcuttur.

Bu bağlamda yapay sinir ağları yarının "cybörg (= Saybörg, sibernetik varlık, insan ve makine kombinasyonu)" leri için temel çözümler sunmaktadır. İleride ses tanıyan, görüntü algılayan, kendi kendine karar verebilen saybörgler yapay sinir ağları kullanılmadan hayata geçirilemeyecektir.

YSA'ların kullanıldığı alanları aşağıdaki gibi sınıflandırabilirmemiz de mümkündür.

Örüntü Tanıma (Pattern Recognition): Ses, veri iletimi, hareket tespiti, yüz tanıma, hedef tespiti gibi işlemlerde, robotik sistemlerde, karakter, imza, parmak izi tanımada ve kalite kontrolünde uygulanmaktadır.

Verilerin Yorumlanması: Finans alanında, güvenlik sistemlerinde, jet ve roket motorlarının geliştirilmesinde, tıbbi araştırmalarda, hava durumu tahminlerinde ve personel seçiminde uygulanmaktadır.

Optimizasyon: Birçok ticari ve bilimsel konuda incelenen olayın hedefinin, verilen kısıtlar altında maksimize ya da minimize edilmesi optimizasyon olarak bilinir. Optimizasyon için önceki çalışmalarda klasik birçok yöntem geliştirilmiş olmasına karşılık, bu işlemin YSA modellemesi ile yapılması en azından sınırlayıcı matematik kabullerin bulunmaması açısından yararlıdır.

Fonksiyon Yaklaşımı: Matematiksel fonksiyonu bilinmeyen birçok verinin modellenmesinde uygulanmaktadır. Örneğin, malzemelerin süper iletkenlik, mekanik, elektriksel özelliklerinin belirlenmesinde kullanılır.

Diğer Uygulama Alanları: Kontrol, arama çalışmaları, verilerin sınıflandırılması ve kümelendirilmesi, verilerin filtrelenmesi, elektrik sarfiyatı tahmini, gelecek turist sayısının belirlenmesi gibi işlemlerde, verilerin taklit edilmesinde, haritacılıkta, bazı elektriksel ve elektroniksel hesaplamalarda uygulanmaktadır (Yıldız, 2006).

Bir diğer açıdan, YSA'ların sektörlere göre kullanımlarından bazıları da aşağıdaki gibidir.

Uzay: Uçuş simülasyonları, otomatik pilot uygulamaları, komponentlerin hata denetimleri vs.

Otomotiv: Otomatik yol izleme, rehber, garanti aktivite analizi, yol koşullarına göre sürüş analizi vs.

Bankacılık: Kredi uygulamaları geliştirilmesi, müşteri analizi ve kredi müraacat değerlendirilmesi, bütçe yatırım tahminleri vs.

Savunma: Silah yönlendirme, hedef seçme, radar, sensör sonar sistemleri, sinyal işleme, görüntü işleme vs.

Elektronik: Kod sırası öngörüsü, çip bozulma analizi, non-lineer modelleme vs.

Eğlence: Animasyonlar, özel efektler, pazarlama öngörüsü vs.

Finans: Kıymet biçme, pazar performans analizi, bütçe kestirimi, hedef belirleme vs.

Sigortacılık: Ürün optimizasyonu, uygulama politikası geliştirme vs.

Üretim: Üretim işlem kontrolü, ürün dizaynı, makina yıpranmalarının tespiti, dayanıklılık analizi, kalite kontrolü, iş çizelgeleri hazırlanması vs.

Sağlık: göğüs kanseri erken teşhis ve tedavisi, EEG, ECG, MR, kalite artırımı, ilaç etkileri analizi, kan analizi sınıflandırma, kalp krizi erken teşhis ve tedavisi vs.

Petro kimya: Arama, verim analizi vs.

Robotik: Yörünge kontrol, forklift robotları, görsel sistemler, uzaktan kumandalı sistemler, optimum rota belirleme vs.

Dil: sözcük tanıma, yazı ve konuşma çevrimi, dil tercüme vs.

Telekomünikasyon: Görüntü ve data karşılaştırma, filtreleme, eko ve gürültü sönümlendirilmesi, ses ve görüntü işleme, trafik yoğunluğunun kontrolü ve anahtarlama vs.

Güvenlik: Parmak izi tanıma, kredi kartı hileleri saptama, retina tarama, yüz eşleştirme vs.

Bu örnekler çoğaltılabilir. Görüldüğü gibi YSA'lar günlük hayatımızda farkında olmadığımız pek çok alanda kullanılmaktadır. Gün geçtikçe uygulama alanları genişlemekte ve gelişmektedir.

2.2. SAYISAL (DİJİTAL) ÜRÜNLER VE FPGA

2.2.1. Sayısal (Dijital) Ürünlerin Seçimi

Günümüzde analog sistemlere göre pek çok açıdan daha avantajlı olan sayısal sistemler tercih edilmektedirler. Örneğin sayısal sistemlerinde hata oluşma olasılığı daha azdır. Dolayısıyla, daha güvenilirdir. Ayrıca hata oluştuğunda sezilmesi ve düzeltilmesi de kolaydır. Bir diğer taraftan sayısal veriler sayısal sistemlerde daha kolay işlenir. Ayrıca, sayısal sistemlerde verinin saklanması, büyük miktarlarda bile olsa daha kolaydır ve her geçen gün gelişen mikroelektronik teknolojisi sayesinde daha performanslı ve daha ekonomik tasarımlar yapılabilmektedir. Bu tür özelliklerinden dolayı son yıllarda kullanılan sayısal sistemlerin artması ve mevcut analog sistemlerin yerine sayısal karşılıklarının geçmesi ile iletişim teknolojisi, bilgisayar teknolojisi ve diğer teknolojilerde büyük ilerlemeler kaydedilmiştir. Günümüzde bir sayısal sistem, çok değişik ürün gurupları ve bunlara ilişkin yöntemler ile tasarlanabilmektedir. Ancak tasarımcılar, kullanılacak ürünleri ve yöntemleri seçerken, bir takım tasarım kriterlerini göz önünde bulundurmalıdırlar. Önem derecesi, kullanım alanlarına göre değişen bu kriterlerden bazıları aşağıda sıralanmıştır:

- Tasarlanan sistemlerin kullanım ömürlerinin çok kısa olmasından dolayı, sistem tasarımı mümkün olan en az ön yatırım ile yapılabilmelidir.

- Tasarlanan ürünlerin mimari yapısı esnek olmalı ve yapılacak değişiklikler mümkün olan en az donanım ve yazılım değişimi ile karşılanabilmelidir. Yani sistem esnek yapılmalıdır.

- Her geçen gün teknolojinin çok hızlı bir biçimde ilerlemesi tasarlanan devrelerin kullanım ömrünü azaltmakta ve sistemlerin tasarım süresini kısaltmaktadır. Bu nedenle mümkün olan en hızlı tasarım yöntemi kulanılarak tasarım gerçekleştirilmelidir.

- Bir tasarımın, eşdeğer tasarıma göre kıyaslama kriterlerinden en önemlisi birim zamanda harcanan enerji tüketimidir. Yani, bir diğer ifade ile güç tüketimi mümkün olduğunca az olmalıdır.

- Fiziksel boyut ve ergonomisi her türlü tasarım için önemli birer kavramdırlar. Tasarımı gerçeklenen devrenin fiziksel alanı mümkün olduğunca minimum olmalıdır.

 Tasarımı gerçeklenen devre optimum (en az, en verimli çalışabilecekleri düzenleme ve ayarlamada olan) elemandan oluşmalıdır.

 Tasarlanan devrenin minimum maliyette üretilebilmesi tasarımın en önemli başarı kriterlerinden birisidir.

 Son olarak ta tasarımı gerçeklenen devrenin kopyalanma bakımından güvenli olması da gerekmektedir.

2.2.2. Sayısal Ürünlerin Sınıflandırılması

Sayısal Lojik (mantık) ürünleri genel olarak üç ana alanda sınıflandırılabilirler. Bunlar; 1.Standard Lojik Ürünler, 2. Uygulamaya Özgü Ürünler, 3. Programlanabilir Ürünlerdir. 3. Programlanabilir Ürünler de kendi içinde 3.1. Yarı Programlanabilir Ürünler, 3.2. Tamamıyla Programlanabilir Ürünler olarak iki alt alanda sınıflandırılabilir. Son olarak da 3.2. Tamamıyla Programlanabilir Ürünler de kendi içinde 3.2.1.PAL Mimarisi, 3.2.2. PGA Mimarisi olarak iki alt alanda sınıflandırılabilir.

2.2.2.1. Standard Lojik Ürünler

Sayısal lojik ürünlerin birinci sınıfı olan Standart lojik ürünler belirli bir amaç için tasarlanmıştırlar. Bundan dolayı üretilen ürünlerin kullanım alanları sınırlı olmasına rağmen amaca uygun kullanımlarda kullanıcıya bazı avantajlar sağlar. Bir diğer taraftan, aynı fonksiyonu gerçeklemek için kullanılabilecek herhangi bir programlanabilir elemana göre, fiyat bazında önemli avantajlar sağlar. Ancak tasarım esnekliği zayıf olduğu için tasarımda yapılacak değişimler genel olarak devrenin donanımında değişiklik yapmaya zorlar. Bunun yanı sıra gerçeklenmesi düşünülen bir fonksiyonu tek bir standard ürünle gerçeklemek genelde mümkün olmadığından tasarım donanımı büyümektedir.

Özellikle lojik devre tasarımın ilk yıllarında, entegre yapım teknolojisinin yetersiz olduğundan dolayı, programlanabilir elemanlar yeterli seviyede değildi ve fiyatları çok yüksekti. Bu başlangıç dönemlerinde tasarımı yapılan sistemlerin çok güçlü fonksiyonlar olmadığından dolayı bu standard mantık devreleri gereksinimleri karşılıyorlardı. Günümüzde bu standard mantık devrelerinin kullanımı, fonksiyonların daha da karmaşıklaşması, yapım teknolojisinin daha da hızlanması ve de maliyetlerin düşmesinden ötürü, yerlerini büyük oranda programlanabilir elemanlara bırakmışlardır. Bir diğer taraftan da standard ürünlerin kullanımının en büyük sakıncalarından biride tasarımın çok kolay bir biçimde kopyalanabilmesidir.

2.2.2.2. Uygulamaya Özgü Ürünler (ASIC)

ASIC'ler genel olarak çözüme yönelik özel tasarlanış tümleşik devrelerdir. Baskılı devre kartları üzerinde standart tümdevreleri birbirine bağlayarak sistemi oluşturmak yerine, komple sistemi yarı iletken üzerinde tasarlayıp, mümkünse tek tümdevreye yerleştirerek elde edilen uygulamaya özgü entegre devredir.

Tamamıyla özel bir sistemde kullanılmak için üretilen ürünlerde, tasarıma temelden yani transistör seviyesinden başlanır. Bu nedenle tasarım süresi ve dolayısıyla tasarım maliyeti en yüksek olan yöntemdir. Bir diğer taraftan da ASIC kullanılarak tasarımı gerçeklenen devrelerin test süresi, diğer ürünlerin kullanılarak tasarlanan devrelere göre genelde daha fazla zaman alır. Bu da tümleşik devre için harcanan gerçeklenme süresini artırır.

□ ASIC tasarım yapılarak gerçeklenen devrelerin, istemdışı kopyalanma işlemi diğer tür yöntemler kullanılarak yapılan tasarımlara göre çok daha büyük oranlarda zorluklar taşır. Bundan dolayı güvenlik olarak da diğer sistemlere göre daha üstündür. Yani üretilen tümleşik devrenin tasarımına benzer özellikte bir başka ürünün, bu ürün üzerinden yapılması engellenmiş olur.

□ ASIC tasarım, genel olarak devre boyutlarında büyük küçülmeler getirir. Bu tüm tasarım gücünün tasarımcı elinde olmasından kaynaklanır. Örneğin dışarı konulacak bir direncin sisteme getireceği boyut ile bu direncin çip içerisine konuşlandırılması durumundaki boyut farkı çok küçük bir örnektir. Ayrıca genel olarak yapılması düşünülen her tasarıma özgü tek bir ürün bulmak genelde mümkün değildir. Bu nedenle tasarımın gerçeklenmesi için birçok standard elemanın kullanılması zorunluluğunu getirir. Eleman sayısının fazlalığı sistemin işçilik maliyetini artırır.

□ Üretim miktarı çok yüksek olan bir ürünün tasarımında kullanılacak birçok entegreyi veya devre elemanlarını ayrı ayrı kullanmak yerine, bunların işlevini tek başına yerine getirebilecek olan bir ASIC tümleşik devresinin tasarlanması, maliyeti oldukça düşürmektedir. Ancak, ASIC chip tasarımı işlemi, tasarlanacak sistemin sayısının az olması durumunda maliyet olarak, standard ürünlerin kullanılması durumuna göre daha pahalı bir bir çözümdür.

□ ASIC ürün tasarımı tamamiyle bilgisayar destekli (CAD) yapılır. Ve bilgisayarlar aynı karmaşıklıkta bir devrenin standart katalok ürünleri ile tasarlanmasından çok daha kısa sürede ürünü tasarlarlar. Ayrıca, devrenin durum denklemleri, lojik fonksiyonları veya şematiği için Donanım Tanımlama dili (HDL) gibi yüksek seviyeli bir dil kullanılmasına gerek yoktur.

□ Ayrıca tasarım mühendislerinin yanı sıra ASIC chip tasarımcılarına ihtiyaç duyulması, uzun geliştirme süresi ve geliştirme maliyetlerinin yüksek olması ASIC ürünlerinin dezavantajlarındandır.

2.2.2.3. Programlanabilir Ürünler

Programlanabilir ürünler genel olarak iki bölümde incelenirler;

1. Tamamıyla Programlanabilir Ürünler: Bu ürünler, günümüz tasarım yapılarında en çok kullanılan ürün pazarındandır. Tamamıyla programlanabilir ürünler mimari olarak iki temel yapıda değerlendirilebilirler.

Bunlardan birincisi PAL mimarisidir. Bu mimaride, boole fonksiyonları çarpımların toplamı biçiminde, iki seviyeli VE-VEYA yapısındaki bir matris ile gerçeklenir. VEYA matrisi sabit iken VE matrisi programlanabilirdir. Giriş ve çıkışlara, MUX (Çoklayıcı) EXOR (Ayrıcalıklı VEYA) ve latch gibi saatli yapılar eklenmiştir. Flip-flop içermektedir, böylece basit ardışıl devreler yapılabilmektedir. PAL mimarisinde her fonksiyon iki seviyeli bir gecikme ile gerçeklenir. Bu tasarımın hızı bakımından önemli bir değer olarak görülebilir. Ancak bu tür kullanım kapı sayısı bakımından verimsiz olmaktadır. PAL mimarisi ile tasarlanmış bazı önemli yapılar aşağıda belirtilmiştir.

□ PROM yapıları (Programmable Read Only Memory): PROM yapıları, sadece bir kez ve kolayca programlanabilir yapılardır. PROM'lar sınırlı sayıda giriş/çıkışı olan cihazlardır. Genel olarak, bir kez programlanabilme mantığı ile çalışan ürünlere OTP (One Time Programmable) adı verilir. PROM yapılarında VE matrisi sabit iken VEYA matrisi ise programlanabilir. PROM'lar içerisine basit bir algoritma, durum makinası veya basit bir mikroişlemci programı yüklenebilir. Bu yapılarda programlanabilme, bipolar sigortalar yardımıyla gerçekleşir. Oldukça yavaş çalıştıkları için, hız gerektiren tasarımlarda tercih edilmezler.

 PLA (Programmable Logic Array): PROM'lardaki hız ve sınırlı sayıda bulunan giriş sayısını artırmak için tasarlanmışlardır. Girişler VE kapılarındaki programlanabilir yapıya bağlıyken çıkışlar da VEYA kapılarına bağlıdır. Bütün lojik fonksiyonlar çarpımların toplamı şeklinde ifade edilebilir. PLA mimarisi, hem VE (and) matrisinin hem de VEYA (or) matrisinin programlanabildiği bir mimari yapıdır. Çarpma işlemleri VE matrisinde, toplama işlemleri VEYA matrisinde gerçekleşir.

 PAL (Programmable Array Logic): PAL'ler VE matrisinin programlanıp VEYA matrisinin sabit olduğu sigorta ile programlama mantığını kullanan mimaridir.

 EPLD (Erasable Programmable Logic Device): Genel olarak PAL mimarisinin geliştirilmiş yapısıdır. CMOS projesi ile üretilmiştir. Programlama işlemi UV ışını kullanımı ile birçok defa silinip tekrar yazılabilir.

 EEPLD (Electricaly Erasable Programmable Logic Device): EPLD yapısına benzer. Ancak silinme işlemi elektrik kullanılarak gerçekleştirilebilir.

PGA mimarisi de tamamıyla programlanabilir ürünlerin ikinci tür mimari yapısı olarak bilinir. Bu mimaride yapının merkezine mantık blokları yerleştirilmiş ve bunların etrafına ise fiziksel dünya ile bağlantıların kurulması amacına yönelik olarak giriş/çıkış blokları konulmuştur. Ayrıca, kullanıcıların blok içi ya da bloklar arası çeşitli bağlantılar oluşturulabilmeleri için ara bağlantılar konulmuştur.

PGA mimarisinin çalışma mantığında, gerçeklenecek bir 'boole' fonksiyonu, tek mantık bloğunun gerçekleyebileceği parçalara ayrılır. Bu parçaların birleştirilmesi ile gerçeklenmesi beklenilen fonksiyona ulaşılır. Devre gecikmeleri ve devrenin hızı için bu fonksiyonun optimum biçimde verilmiş olması çok önemlidir. PGA'lere gerçeklenen devrenin yerleştirilmesi iki şekilde olur. Bunlar aşağıda açıklanmıştır:

Yerleştirmenin birinci şekli PGA'lerin SRAM hücreli devrelere yerleştirilmesidir. Devreye gerilimin verilmediği zamanlarda, ara bağlantıları SRAM hücreli olan yapılarda kullanılan PGA bağlantıları boştadır. Sisteme gerilim verildiğinde ise, PGA bir konfigürasyon belleğinden, devrenin bağlantı parametrelerini alır ve PGA'i buna göre koşullandırır. Bu tür yapılarda hem dış donanımda, devrenin bağlantı parametrelerinin saklandığı bir bellek olmalı hem de PGA içerisinde de bu bellekten verileri alıp bağlantıları gerçekleyebilecek özellikte lojik devre olmalıdır. Birinci tür yeleştirmede devre kolaylıkla kopyalanabilir. Ancak programlama sayısı, belleğin programlanabilme sayısı kadardır. Buda tasarımda yapılacak değişikliklerin, çoğu zaman hafızada yapılacak değişikliklerle gerçeklenebilmesini sağlar.

Yerleştirmenin ikinci şekli PGA'lerin antifuse yapılara yerleştirilmesidir. Ara bağlantıları 'antifuse' temelli olan yapılarda, PGA bir kez programlanır ve program parametrelerine göre bağlantılar gerçekleştirilir. Birinci tip yerleştirmeden farklı olarak bu tür yapılarda dışarıda gerçekleme parametrelerini tutan bir belleğe ihtiyaç duyulmaz. Bu da kopyalanma zorluğu sağlar. Ancak tasarımdaki PGA ile ilgili değişimler, yeni bir PGA'in programlanması zorunluluğuna neden olur.

Genel olarak proje geliştirme aşamalarında SRAM hücreli PGA'ler, seri üretimlerde ise 'antifuse' temelli PGA'ler kullanılır.

2. Yarı Programlanabilir Ürünler: Bu ürünler temel olarak tamamıyla programlanabilir ürünlerin yapısına benzerlik göstermelerine rağmen aralarındaki tek fark bu ürünlerde belli bölgelere kullanıcı isteklerine göre sabit tasarımlar yerleştirilmiş olmasıdır. Bu bölgelerin giriş çıkış bağlantıları belirlenmiş olduğundan kullanıcı bu ürünlerde sabit tasarım için ayrı bir donanım birimine ihtiyaç duymaz. Aynı zamanda tasarlanan devrenin güvenliği de artırılmış olur (Emiroğlu, B, 2005).

2.2.3. FPGA

Sahada Programlanabilir kapı dizileri kısaca FPGA (Field Pogrammable Gate Array) olarak adlandırılır ve FPGA elektriksel olarak programlanabilir eleman ve arabirimlerden oluşan bir tüm devre elemanlarından oluşur. Programlanabilir eleman ve arabirimler VE (AND), VEYA (OR), ayrıcalıklı VEYA (XOR), DEĞİL (NOT) işlemlerini veya daha karmaşık olan dekoder, çoklayıcı gibi matematiksel işlemleri gerçekleştirmek amacıyla programlanabilir. Ayrıca, FPGA yapısında bulunan arabirimlerin istenildiği kadar elektriksel olarak programlanabilme yapısına sahip olmaları, tasarımlarda büyük kolaylık sağlar. Pek çok FPGA yapısı programlanabilir eleman ve ara birimlere ek olarak ayrık flip-flop yapılarından veya hafıza bloklarından oluşan hafıza birimleri de bulundurur. Bu alandaki tarihsel gelişime bakıldığında ilk programlanabilir birimin PROM (Programmable Read Only Memory) olduğu gözlenir. PROM'lardan sonra tarihsel gelişimi sırasıyla EPROM (Erasable Programmable Read Only Memory) ve EEPROM (Electrically Erasable Programmable Read Only Memory) birimleri izler. Bu birimler oldukça kısıtlı yeteneklere sahiptirler. Daha sonraları EEPROM'lara göre daha gelişmiş olan PAL (Programmable Array Logic) ve PLA (Programmable Logic Array) yapıları geliştirilmiştir. Pek çok PLA ve PAL yapılarının bir araya gelmesi ile oluşturulmuş bir diğer yapı ise CPLD'dir. CPLD'ler FPGA yapısına oranla girişlere daha hızlı tepki verebilirken, daha küçük lojik birimlere sahip olması nedeniyle küçük tasarımların gerçekleştirilmesinde kullanılabilir.

Programlanabilir yapılar, örneğin FPGA'ler, ASIC tasarımlara oranla daha yavaş çalışmalarına rağmen tekrar programlanabilme özelliği ve tasarımların basit, kontrol edilebilir olması nedeniyle tasarımın daha ucuza mal edilebilmesi açısından önemli avantajlara sahiptir. İlk FPGA'larda CMOS tabanlı yapılandırma için SRAM tabanlı hücreler kullanılıyordu. Kullanıma ilk başlandığı 1980'lerin ortalarında FPGA'lardan, kısıtlı miktarda veri işleme kabiliyetlerinden faydalanılmıştır. Bu dönemde FPGA'lar genelde, fonksiyonlar veya cihazlar arasında ara bağlantı olarak kullanılmıştır. 1990'lı yılların başında artan kapasiteleri sayesinde geniş veri işlemleri gerektiren haberleşme ve ağ ortamlarında kullanımı artmıştır. 2000'lerin ilk yıllarında milyonlarca kapı içeren yüksek performanslı FPGA'lar piyasadaki yerini almıştır.

2.2.4. FPGA Yongaları

FPGA (Field Programmable Gate Array - Alanda Programlanabilir Kapı Dizileri), programlanabilir mantık bloklarına, bu blok dizisini çevreleyen giriş-çıkış bloklarına, bu bloklar arasındaki ara bağlantıları olan üretimi tamamlanmış ama yapılandırılması yapılmamış sayısal tümleşik devrelerdir. Mantıksal bloklar basit mantıksal kapıların (AND, XOR...) işlemlerini yerine getirmek için programlanabildikleri gibi, daha karmaşık fonksiyonları da (şifre çözücüler, basit matematiksel fonksiyonlar vb.) yerine getirebilmek için programlanabilmektedirler. Tasarımcının ihtiyacı olan mantıksal fonksiyonları gerçekleştirebilmesi amacıyla, kullanıldığı yerde programlanabilir olarak üretilirler. Dolayısıyla her bir mantık bloğunun işlevi kullanıcı tarafından düzenlenebilmektedir. FPGA ile temel mantık kapılarının ve yapısı daha karmaşık olan devre elemanlarının işlevselliği artırılmaktadır. Alanda programlanabilir ismi verilmesinin nedeni, mantık bloklarının, ara bağlantıların ve giriş/çıkış bloklarının imalat sürecinden sonra programlanabilmesidir.

Birçok FPGA yongası, ayrıca aritmetik işlem blokları ve hafıza yapılarına sahiptirler. Bunlar basit Flip-Floplar olabileceği gibi daha bütünsel hafıza blokları da olabilmektedir (Koyuncu, 2008).

Genel yapısı Şekil 2.24'te gösterilmiş olan FPGA yongasının yapısındaki mantıksal bloklar, aralarındaki bağlantılar ve giriş/çıkış blokları sırayla aşağıda açıklanmıştır.

a. Yapılandırılabilir Mantıksal Bloklar [Configurable Logic Blocks (CLB)]: CLB blokları, mantıksal (boolean) fonksiyonların oluşturulabildiği LUT (Look-Up Table), Carry Logic ve Flip-Flop'lardan oluşur ve ara bağlantılar içerisine gömülü şekilde bulunurlar. CLB yapıları genel olarak 5 girişten oluşurlar, bu girişlerden 4'ü LUT girişleri iken diğer giriş ise D flip-flop yapısının saat girişidir. 4 girişli LUT devrenin kombinezonsal kısmını, flip-flop ise ardışıl kısmını oluşturur. Multiplexer ise doğrudan LUT'un çıkışı ile flip-flop çıkışı arasında seçim yapar. Konfigure edilebilir lojik blok yapısına ait genel blok şema ve giriş ve çıkış bacaklarının FPGA programlanabilir birimi üzerindeki yerleşimi Şekil 2.22 ve Şekil 2.23'te verildiği gibidir.

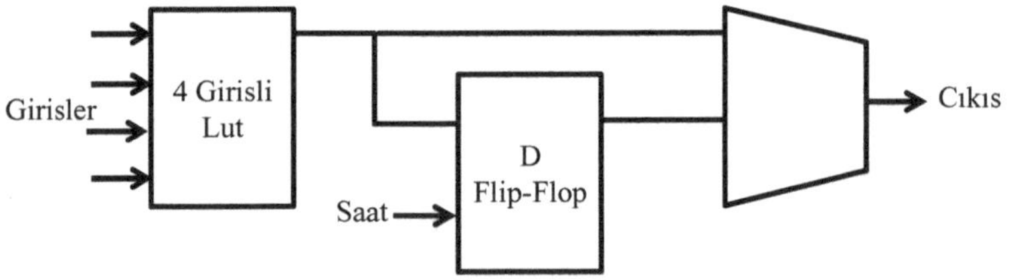

Şekil 2.22: CLB Yapısı

CLB giriş çıkışlarının FPGA üzerindeki konumlarının şemada gösterildiği gibi olmasının nedeni hat üzerinde oluşabilecek gecikmeleri, hat uzunluklarını eşit yaparak olabildiğince eşit olmasını sağlamaktır. Tipik bir FPGA on binlerce CLB ve flip-flop içerebilir. Büyüklük ölçüsü olarak, CLB'nin giriş çıkış sayısı, CLB'nin oluşumunda kullanılan transistor sayısı veya CLB'nin gerçekleyebileceği mantıksal fonksiyon sayısı kullanılmaktadır (Bürhan ve Gülenç, 2011). Hafıza kapasitesi (LUT) giriş sayısı ile sınırlıdır. CLB, kullanıcının oluşturmak istediği mantıksal devre için fonksiyonel elemanlar sağlar. CLB mimarisinin esnekliği ve simetrisi, uygulamaların kolaylıkla yerleştirilmesine ve yönlendirilmesine olanak tanır.

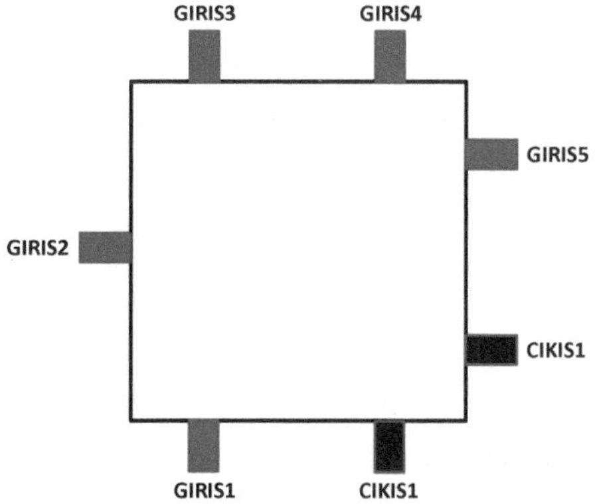

Şekil 2.23: CLB Giriş Çıkışlarının FPGA Üzerindeki Görünümü

b. Giriş Çıkış Blokları (Input/Output Blocks (IOB)): IOB'ler yonganın iç sinyal hatları ile pinleri arasında programlanabilir arabirim görevini yaparlar. IOB'ler sayesinde FPGA pinleri giriş, çıkış ya da çift yönlü olarak programlanabilir. FPGA yongasının türüne göre bir yongadaki IOB sayısı (dolayısıyla pin sayısı) 1000'li sayılara kadar çıkabilmektedir. Yeni üretilen FPGA'lerde ise Giriş Çıkış (Input/Output (I/O)) 'lar gruplara ayrılabilir ve bu gruplar farklı voltajlardan beslenebilirler. Böylelikle bir grup I/O pinleri 3.3 V ile çalışırken; diğer grup I/O pinleri de 2.5 volt ile çalışabilmektedir (ANON, 2016g).

FPGA genellikle senkronize (eş zamanlı) olarak tasarlanır. Yani FPGA tasarımları clock tabanlıdır ve FPGA içerisindeki D Flip-Floplar, clock sinyalinin yardımıyla durum değiştirirler. Senkronize tasarımlar da bir clock sinyalinin, bütün flip-flop'ları aynı anda tetiklemesi gerekir. Aksi takdirde FPGA'de elektriksel ve zamansal problemler oluşmaktadır. FPGA üreticileri bu problemleri ortadan kaldırabilmek için, "Global Routing" veya "Global Line" olarak adlandırılan özel bir iç bağlantı geliştirmişlerdir. Bu bağlantı sayesinde, Clock sinyalinin FPGA içerisindeki bütün Flip-Flop'lara aynı anda ulaşması sağlanır. Bundan dolayı clock beslemelerinin, FPGA'in clock için ayrılmış pinlerinden verilmesi gerekir (ANON, 2016g).

c. Ara Bağlantılar (Interconnections): Bu birimler hem CLB'ler arasında hem de CLB'ler ile IOB'ler arasında bağlantıları yapılandırmada kullanılırlar. Programlanabilir olduklarından çok esnek bir yapıya sahiptirler (Koyuncu, 2008).

Yatay ve dikey kanalların birleştiği yerlerde matris anahtarlar (switch box) vardır. Bu anahtarların içinde altı transistorlu (pass transistor) yönlendirme mekanizması bulunur. Şekil 2.25'de görüldüğü gibi, giriş yapılan taraftan kendisine komşu diğer üç tarafa yönlendirilmeyi sağlayacak programlanabilir anahtarlar vardır. FPGA tasarımı, her bir mantık hücresinin uygulayacağı fonksiyonu ve programlanabilir anahtarların durumunu (açık/kapalı) belirleyerek bu mantık hücreleri arasındaki bağlantıları tanımlar.

FPGA mimarileri bağlantı kanallarının yapısına göre; Simetrik Dizi Mimarisi (Symmetrical Array), Sıra Tabanlı Mimari (Row-Based Array) ve Kapı Denizi Mimarisi (Sea of Gate) olmak üzere üç ana gruba ayrılır (WILLERT, 2000).

Ayrıca blok bellek, DSP Blokları (çarpıcılar, MAC(multiply and accumulate)), saat yönetimi (DCM, BUFGMUX), Ethernet MAC, PCI kontrolör ve gömülü PowerPC işlemci gibi bileşenleri bulunmaktadır.

1. Blok Bellek: Çoğu uygulamanın bellek ihtiyacı olduğundan dolayı, FPGA'lar büyük miktarda Blok Bellek isimli SRAM içerirler. Bloklar halinde çipe dağıtılırlar. Kapasitesi megabaytlar mertebesinde olabilir. Spartan 3E kiti üzerindeki FPGA'da 45 Kb bulunur. Küçük parçalar halinde kullanılabileceği gibi, büyük bellekler oluşturmak için bir araya getirilebilirler. 18 Kbit'lik (2 KB) bloklar halinde bulunurlar. 100 baytlık blok ram yaratılsa dahi, bir blok harcanmış olur. Çift portlu ram, FIFO gibi yapılar oluşturmak için kullanılabilirler. FPGA'nın programlanması sırasında içeriği istenilen şekilde doldurulabilir (AYOK,S., 2013).

2. Dağınık Bellek: 4-LUT'lar istenildiğinde 16x1 bitlik ram olarak kullanılabilirler. 8 tanesi birleştirilerek 16x8'lik (16 bayt) ve üstü miktarda ram oluşturulabilir. FPGA'nın her yerine dağıldığından dolayı bunlara dağınık (distributed) ram denir. Mümkünse blok ram kullanmak gerekir çünkü Distributed ram fonksiyonel kısımlardan (LUT) harcar. Düşük miktarlarda bellek ihtiyacı olduğunda kullanılmaları uygun olur. Ayrıca LUT'lar 16 bitlik kaydırıcı (shift register) olarak kullanılabilir. Arka arkaya bağlanarak daha büyük shift registerlar oluşturulabilir (AYOK,S., 2013).

3. Hızlı Elde Zincirleri: FPGA'larda toplama işlemleri Ripple Carry Adder kullanılarak gerçeklenir. Ripple Carry Adder, tam toplayıcıların arka arkaya dizilmesi ile oluşur. Toplayıcının hızını etkileyen en önemli faktör elde zinciridir. Bu amaçla LUT'lar arasında hızlı elde zincirleri bulunmaktadır. Böylece toplama işlemleri çok hızlı gerçeklenebilir (AYOK,S., 2013).

4. Gömülü Çarpıcılar: Çarpıcılar programlanabilir lojik bloklar kullanılarak gerçeklenirse, hem çok yer kaplar hem de yavaş olurlar. Çarpıcılar matematiksel işlemlerin kullanıldığı pek çok uygulamada gerekli olduğu için, FPGA'lar gömülü çarpıcılar içerirler. 18x18 bitlik işaretli çarpma yapabilmektedirler. Beraber kullanılarak daha büyük boyutlarda çarpma işlemlerine izin vermektedirler (AYOK,S., 2013).

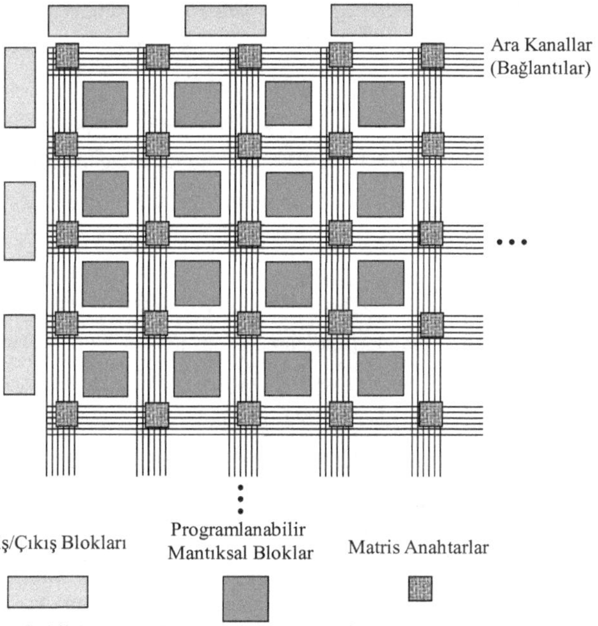

Şekil 2.24: FPGA genel yapısı (Selim ve Ulucan, 2008)

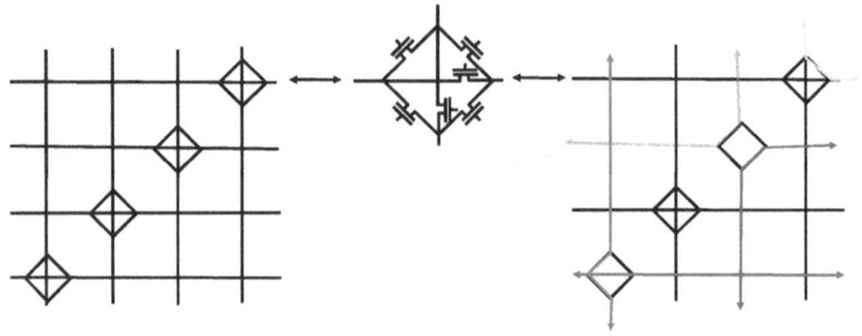

Şekil 2.25: Matris anahtarların yapısı (Selim ve Ulucan, 2008)

2.2.5. FPGA Tabanlı Özel Amaçlı Bilgisayarlar

F-CCMs (FPGA-based Custom Computing Machines - FPGA tabanlı Özel Amaçlı Bilgisayarlar), donanım ve yazılımı bir araya getiren özel veri işleme platformlarıdır (Şahin ve Gloster, 2005). Genellikle bir F-CCM bir adet genel amaçlı bilgisayar ve bu bilgisayara bağlı üzerinde bir ya da daha fazla FPGA ve hafıza yongaları bulunduran elektronik karttan oluşur (Şahin ve Gloster, 2005a), (Gloster ve Şahin, 2001), (Şahin ve diğ., 2000). Şekil 2.26'da örnek bir FPGA kartı görülmektedir. Bu sistemler genel amaçlı işlemcilerin sunduğu programlanabilme özelliği ile FPGA yongalarının sağladığı hız avantajının bir araya getirildiği sistemlerdir (Rincon, Teres, 1998).

Uygulama programları F-CCM'lere uyarlanırken, programın yüksek işlemci gücü gerektiren bölümleri özel olarak tasarlanmış donanım modülü kullanılarak FPGA yongaları üzerinde çalıştırılır ve bu sayede programın daha hızlı çalışması sağlanır. İyi tasarlanmış bir F-CCM ve donanım modülü sayesinde, uygulama programlarının yoğun Central Processing Unit-İşlemci (CPU) gerektiren bölümlerini işlem türüne bağlı olarak 100 veya daha fazla kez hızlandırmak mümkündür (Şahin, 2002), (Koyuncu, 2008).

F-CCM'ler Reconfigurable Computing-Tekrar Yapılandırılabilir Hesaplamalar (RC) sistemi olarak da bilinir. Şekil 2.27'de RC sistemlerin genel yapısı görülmektedir. Bu yapıda *p* adet FPGA yongası ve bunlara ait yerel hafızalar bulunur. FPGA kartı ile bilgisayar arasındaki veri iletişimi, bir Peripheral Compenent Interconnect - Çevre Birimleri Bağlantı Yolu (PCI) ara yüzü üzerinden yapılır. FPGA kartlarının kullanımı ise şu şekildedir: İlk olarak, daha önceden tasarlanmış donanım modülünün yapılandırma bilgileri PCI yolu üzerinden FPGA yongalarına yüklenir. Ardından, yine

PCI üzerinden, işlenecek veri kart üzerindeki yerel hafıza ünitelerine aktarılır. Bu aşamadan sonra FPGA yongalarına özel bir başlat sinyali gönderilerek, yongaların hafızadaki veriyi işlemesi sağlanır. Yongalar bu verileri işlerken, ana bilgisayar diğer işlerine devam eder. Yongalar işlemi bitirince, bilgisayara bir kesme sinyali göndererek işlenmiş verinin hazır olduğunu bildirir. Son olarak bilgisayar yine PCI üzerinden FPGA kartı üzerindeki hafızalara erişerek işlenmiş veriyi alır (Şahin ve Gloster, 2005a). FPGA yerel hafızası ile bilgisayar hafızası arasında hızlı veri iletişimini gerçekleştirmek için DMA (Direct Memory Access-Doğrudan Hafıza Erişimi) kullanır.

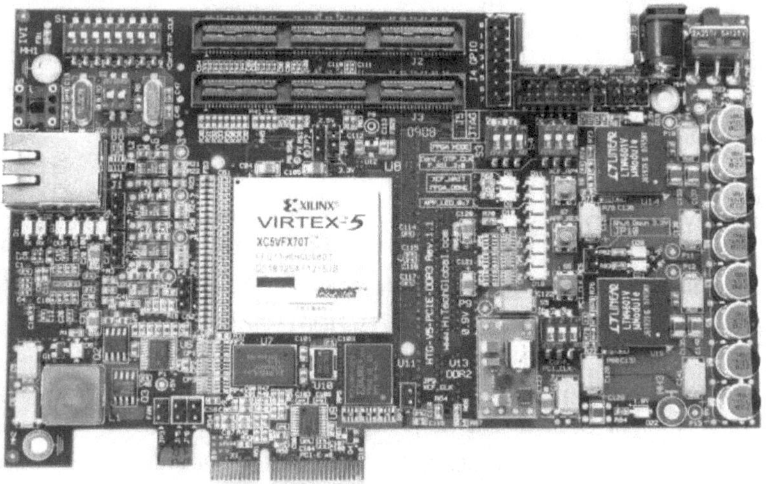

Şekil 2.26: RC sistemde kullanılan FPGA kartı (Anon, 2011f)

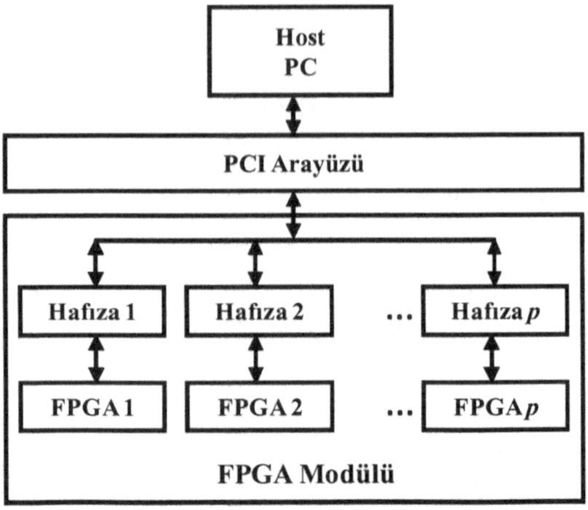

Şekil 2.27: Tipik bir RC sistem genel yapısı (Şahin, Gloster, 2005a)

2.2.6. FPGA Yongaların Avantajları

Mimarilerine göre sayısal yarı-iletken devreler özel amaçlı, genel amaçlı ve tekrar düzenlenebilir mimariler olarak sınıflandırılabilirler. FPGA yongalarının bu sınıflardan ve bu sınıfların da FPGA'lerden üstünlükleri aşağıdaki gibi açıklanabilir.

1. Özel Amaçlı Mimariler [ASIC (Application□Specific Integrated Circuits-Uygulamaya Özel Tüm devre)]: 1980'lerde sayısal tüm devre teknolojileri arasında bir boşluğun olduğu fark edilmişti. Bu boşluğu doldurmak için bir tarafta büyük ve karmaşık fonksiyonları gerçekleyemeyen SPLD ve CPLD gibi programlanabilen ve hızlı tasarım sürelerine sahip mantıksal elemanlar bulunuyordu. Diğer tarafta da tasarım süreleri daha uzun olan, çok büyük ve karmaşık fonksiyonları gerçekleyebilen, kendine özgü işlevler üzerinde fiziksel bağlantılı komut takımları ile hareket edebilen, uygulamaya yönelik tüm devreler (ASIC) vardı. ASIC'ler elektronik bir devre üzerinde birçok işlemcinin yaptığı işlemi bir yonga içerisinde gerçekleştirebilen ve belirli bir uygulamaya özel olarak tasarlanılan, bundan dolayı farklı uygulamalar için düşük performansa sahip olan araçlardır. Gereksinimler değişmişse ASIC donanımının yeniden geliştirilmesine ihtiyaç duyulur. ASIC'ler, işletim hızında artışa, düşük enerji tüketimine ve yüksek başarı performansına sahiptirler. Diğer taraftan

esnek (flexible) değildirler ve ilk üretim maliyetleri çok yüksektir. Fazla üretimde maliyetleri düşer (Özdamar, 2007).

Örneğin, modemlerde, iletişim yongası olarak kullanılan ASIC'ler aynı işlevli diğer işlemcilere göre daha hızlıdır ve maliyeti daha düşüktür. ASIC'ler anahtarlama elemanlarında, iletişim elemanlarında, ses sistemlerinde özellikle de yüksek hızları nedeni ile ağ sistemlerinde tercih edilmektedir. Reduced Instruction Set Computer (RISC) tabanlıdır bu özelliği ile yazılım kolaylığı ve aygıtın daha hızlı çalışmasını sağlamaktadır. Aynı zamanda DMA işlevi ile birbiri ile ilgili olmayan komutlar beraber çalışarak işlemcinin üzerindeki yükü azaltılmış olur (Teke A., ve diğ. 2013).

2. Genel Amaçlı Mimariler (İşlemci): Özel komut setine sahip ve problemlerin çözümü için bu komut setinde yazılmış programları işletebilen sayısal yarı-iletken devrelerdir. İşlemciler herhangi bir probleme göre değil genel amaçlı tasarlanmışlardır. Programlanabilir olduklarından esnektirler ama bazen basit bir problemi çözmek için yüzlerce ya da binlerce komut işlemek zorunda olduklarından her zaman istenen performansı gösteremezler (Özdamar, 2007).

3. Tekrar Düzenlenebilir Mimariler (SPLD (Simple Programmable Logic Device), CPLD (Complex Programmable Logic Devices), FPGA): Donanım temelli mimari olarak yüksek performansa, genel amaçlı mimarilerdeki gibi esnekliğe ve programlanabilen sayısal elemanlara sahiptirler. Donanım statik olmayıp dinamik olduğundan, farklı uygulamalara adapte olabilirler (Özdamar, 2007).

ASIC mimarisine göre tekrar düzenlenebilir mimarilerde devreler yavaştır, daha büyüktür ve daha fazla enerji tüketirler. Tekrar düzenlenebilir mimarilerde yapılandırma bilgisi yonga üzerinde depolanmak zorunda olmasına rağmen tekrar tekrar programlanabilir, üzerinde çalıştırdığı algoritma güncellenebilir, hatalar düzeltilebilir. Ayrıca aşamalı hesaplamalarda daha yüksek başarıya sahiptir. ASIC'lerde tasarımlar üretime geçmeden önce fonksiyonel olarak FPGA'lar üzerinde gerçeklenerek test edilirler.

Tekrar düzenlenebilir mimariler, mikroişlemciler gibi işlemleri adım adım değil paralel (aynı zamanlı) yapabilmektedirler. PGA ve işlemci arasındaki farkı bir analojiyle anlatmak gerekirse; FPGA'i istediğimiz şekli verebildiğimiz bir oyun hamuruna; hard işlemcileri ise oyuncak arabaya benzetebiliriz. Hamurdan araba dâhil istediğimiz oyuncağı yapabiliriz. Oyuncak arabayı ise olduğu gibi kabul etmek ve öyle oynamak durumundayız. Oyun hamurunu kullanarak satın aldığımız oyuncak arabanın aynısını yapmak ise zor ve ustalık gerektiren bir iştir. Dolayısıyla istediğimiz şey tam olarak bu oyuncak arabaysa oyun hamuru yerine onu almak daha isabetli olacaktır. Fakat istediğimiz, hayal ettiğimiz arabayı bulamıyorsak o zaman istediğimiz ve hayal ettiğimiz arabayı hamurdan kendimizin yapması gerekir (ANON. 2016g). Tekrar düzenlenebilir mimarilerden FPGA yongaları paralel bilgisayarlara, hatta özel tasarlanmış grafik kartlarına göre daha düşük maliyete sahip olduğundan daha ucuzdurlar ve daha yüksek performansa sahiptirler.

FPGA'ların diğer bir alternatifi olan SPLD'ler ve CPLD'ler deki mantık kapı sayısından daha azdır. Modern FPGA'lar da bütün ya da kısmi sistemlerin yeniden yapılandırılması anında (on the fly) tasarım değişimi ve sistemlerin yükseltilmeleri mümkündür. Bazı FPGA'ların bir parçası yeniden yapılandırılırken diğer kısımları çalışmaya devam edebilmektedirler (Özden, 2010).

Bazı hız gerektiren özel uygulamalarda özel bütünleşmiş (entegre) tasarımlarına ihtiyaç duyulmaktadır. Bunlara VLSI (Very Large Scale Integration) tasarım denilmektedir. VLSI, sadece tek bir uygulamaya özel, zaman alan ve pahalı bir üretim olduğundan önce FPGA'lar üzerinde test edilir ve istenen sonuçların alınmasından sonra üretilirler (Selim ve Ulucan, 2008).

FPGA'nın Üstün Kabiliyetleri: Çok hızlı tasarım yapılabilmesi, sonuçları çok hızlı analiz edilebilmesi, kullanıma hazır olması, yeniden düzenlenebilir olması, düşük geliştirme maliyeti ve paralel çalışabilmesidir. Örneğin, XC4000 serisinde tekrar düzenleme zamanı FPGA aygıtının yoğunluğuna göre 1-50 ms (milisaniye) aralığında değişmektedir.

Sıradan entegreler ya hiç paralel işlem yapamazlar ya da çok sınırlı yapabilirler. FPGA'de ise uygulamaya ve kapasiteye göre, birbirine paralel onlarca belki binlerce işlemi aynı anda yapabiliriz. Bu da paralel işlem gerektiren uygulamalarda FPGA'leri eşsiz kılmaktadır.

Örneğin gerçek zamanlı yüksek çözünürlüklü bir video görüntüsü üzerinde filtreleme işlemi yapmak istiyoruz. Video aslında peş peşe sıralanan resimlerdir ve bu resimlerin her birine "frame" denilmektedir. En basit haliyle bunun için videonun bir resim karesini giriş portlarından almamız, onu filtrelememiz ve çıkış portlarından göndermemiz gerekir. Sonra ikinci resim için de aynı işlemleri gerçek zamanlı olarak tekrarlamak durumundayız. Standart entegreler (örneğin bir mikroişlemci) kullanırsak bu üç işlemi (alma, filtreleme, gönderme) sırayla yapıp bitirdikten sonra gelen ikinci resmi almaya başlarız. Eğer bu işlemleri yeterince hızlı yapamazsak sıradaki resmi kaçırabiliriz. FPGA'de ise bu işlemler paralel olarak devam eder. Örneğin ilk resmi alıp filtreleme işlemini yaparken ikinci resmi almaya başlarız. İlk resmi gönderirken ikinci resmi filtrelemeye ve üçüncü resmi almaya başlarız. Bunun yanında, filtreleme işlemi genel olarak yoğun çarpım gerektirmektedir. Standart bir işlemci ile bu çarpma işlemlerini de sırayla yapmak zorundayız. Oysaki FPGA ile bu işlemleri de paralel olarak yani çok hızlı bir şekilde yapabiliriz.

Özet olarak, FPGA'ler bize paralel işlem kabiliyeti sunan ve içyapısını istediğimiz fonksiyon ve uygulamaya göre değiştirebildiğimiz donanım-programlanabilir entegrelerdir.

FPGA yongaları, hızlı oldukları için çok büyük avantaj sağlarlar. Örneğin, ASIC yongaları, uzun süre gerektiren çeşitli tasarım ve üretim aşamalarından geçtikten sonra ancak kullanıma hazır hale gelebilmektedirler ve tasarım esnasında yapılan bir hatadan dolayı kullanılmaz hale gelmektedirler. Fakat FPGA yongaları kullanılarak, tasarlanan ürünün FPGA yongalarına yüklenmesi için geçen kısa sürede işlem gerçekleştirilebilmektedir. Ayrıca, FPGA yongalarında, yeniden programlanabilme özelliğinden dolayı, oluşan bir hata çok kısa bir sürede ve ekonomik bir zarara uğranılmadan telafi edilebilmektedir. Yongaları programlama işlemi, boyutlarına ve tasarıma bağlı olarak milisaniyeler içinde gerçekleştirilebilmektedir. FPGA yongaları sınırsız olarak tekrar programlanabilirler. FPGA'ların esnekliği paralel birim artışına izin vermektedir. Bu da çalışma performansını artırmakta ve maliyeti düşürmektedir. Daha kısa zamanda yapılması gereken yoğun işlemler önceden yazılımlarla yapılmasına rağmen şimdi yazılımlar yerine FPGA'lar tercih edilmektedirler. Yongaları yapılandırmak için tasarlanan donanım modülleri, sadece bir özel problemin çözümü için tasarlandıklarından yazılıma göre çok hızlı çalışmaktadırlar. Ayrıca birden fazla

FPGA yongası birbiri ile paralel olarak çalışabildiği hatta tek bir yonga içerisinde birden fazla modül yerleştirilebildiği için yazılıma göre çok yüksek hız kazançları elde edilebilmektedir (Şahin ve Gloster, 2005a). FPGA yongaları üretici firmaları arasında, Altera, Xilinx, Lattice, Quicklogic, SiliconBlue, Flex, Lucent ve Actel sayılabilir. Bu firmalar kendi üretmiş oldukları yongalara özel isimler vermektedirler. Örneğin Xilinx firması, üretmiş olduğu yongalara Spartan, Virtex (Anon 2011c) gibi isimler verirken, Altera firması ürettiği yongalara Cyclone, Arria ve Stratix (Anon 2011d) gibi isimler vermektedir.

FPGA, mantıksal kapılar, hafıza birimleri, çözümleyiciler ve durum makineleri gibi gelişmiş mantıksal birimler kullanılarak farklı fonksiyonların gerçekleştirilebildiği gelişmiş yongalardır. Hem ara bağlantılar seviyesinde hem de mantıksal kapı seviyesinde programlanabilen birimlerdir. Bu özelliklerinden dolayı, diğer programlanabilen tümleşik devrelerden daha üstündürler.

2.2.7. Temel Denetleyici ve İşlemcilerin Karşılaştırılması

Temel denetleyici ve işlemcilerin fiyatlarına (Çizelge 2.8), işlem sıklığına (Çizelge 2.9), harcadıkları güce (Çizelge 2.10) ve tüm ölçütlere göre (Çizelge 2.11) kıyaslanmaları yapılmıştır (TEKE, 2013).

Çizelge 2.8: Mikro denetleyicilerin fiyatlarına göre karşılaştırması

Denetleyiciler	**Mikro denetleyici**	**ASIC**	**DSP**	**PLD**	**FPGA**
Örnek model	PIC32MX795F-512L	HSP3824	TMS320DM6467-TZUT1	EP1K50FC484-2N	XC6VLX130T-1FFG1156C
Fiyatı	6,83$	21,6$	106,95$	58,8$	1.105,64$
Denetleyici serisi	Microchip PIC 8,16,32	Haris Semicon HSP	Texas Instruments Sabit, kayan noktalı	Altera EP1K	Xilinx Spartan,Virtex
Fiyat aralığı	0,3$ – 6,83$	0,52$-21,6$	6,276$ – 660,1$	10,5$-123,6$	8,4$ – 12.132,4$

Çizelge 2.9: Mikro denetleyicilerin işlem sıklığı karşılaştırması

Denetleyiciler	**Mikro denetleyici**	**ASIC**	**DSP**	**PLD**	**FPGA**
İşlem sıklık aralığı	1MHz-400MHz	100kHz-44MHz	20MHz - 1.2GHz	95MHz - 285MHz	33MHz - 1.6GHz
Örnek model	PIC32MX795F-512L	HSP3824	TMS320DM6467-TZUT1	EP1K50FC484-2N	XC6VLX130T-1FFG1156C
İşlem sıklığı	80MHz	44MHz	594MHz	285MHz	1600MHz

Not: Sıklıkla kullanılan Mikro denetleyici, FPGA, DSP, ASIC ve PLD'ler arasında işlem sıklıkları kullanılarak hız karşılaştırması yapılacaktır. Saniyede işlenebilen komut sayısını belirleyen unsur olan IPS (instruction per second), denetleyicinin dâhili veya harici osilatör ile desteklenen en büyük sıklık değeridir.

Çizelge 2.10: Mikro denetleyicilerin harcadıkları güce göre karşılaştırılması

Denetleyiciler	Mikro denetleyici	ASIC	DSP	PLD	FPGA
En az akım	100nA / 2V 4MHz	0,1µA/16V 300kHz	5mA / 3V 95MHz	50µA / 1,2V 300MHz	20µA / 1,2 V 1600MHz
En fazla akım	300mA / 2V 32 MHz	111mA/5.5V 44MHz	10mA/3,6V 285MHz	3013mA / 1,2V 1100MHz	5227mA / 1,1V 1600 MHz
En az-en fazla güç aralığı	0,0002mW – 0.6W	0,0016mW – 0.61W	15mW – 0,036W	0,06mW – 3,615W	0,024mW – 5,749W

Çizelge 2.11: Mikro denetleyicilerin tüm ölçütlere göre karşılaştırılması

Denetleyiciler	Hız	Fiyatı	Enerji tüketimi	Güvenirlik	Kullanım kolaylığı	Çok yönlülük	Yazılım editörü
PLD	Normal	Normal	Düşük	Kod Koruma	Çok kolay	Normal	Orta
ASIC	Düşük	Düşük	Düşük	Anti spam & Kod Koruma	Kolay	Normal	İyi
Mikro denetleyici	Normal	Düşük	Düşük	Kod Koruma	Çok kolay	Normal	İyi
DSP	Yüksek	Yüksek	Yüksek	Kod Koruma	Zor	Yüksek	İyi
FPGA	Çok Yüksek	Çok Yüksek	Çok Yüksek	Kod Koruma	Zor	Yüksek	İyi

Not: Çizelge 2.10'dan çıkarılabilecek sonuca göre: en düşük güç tüketimi < Mikro Denetleyici< PLD < ASIC < DSP < FPGA < en yüksek güç tüketimi sıralaması yapılabilir.

2.2.8. FPGA'lerin Güç Tüketim Özellikleri

Düşük güçlü tasarımlarda, teknoloji seçimi oldukça büyük öneme sahiptir. FPGA'ları ara bağlantı tipine göre Antifuse, SRAM (Static Random Access Memory) ve FLASH olmak üzere 3 farklı teknoloji sınıfında inceleyebiliriz. Antifuse FPGA'ler sadece bir tasarım için kullanılabilirler, bu özelliklerinden dolayı ASIC tasarımlara benzerler. SRAM FPGA'ler ara bağlantılar ve lojik hücreler için transistörler bulundururlar. Antifuse FPGA'ler belirlenmiş bir tasarıma özel olduklarından fabrika aşamasında yollandırma ve ara bağlantılar tasarıma uygun hale getirilir. Böylece SRAM FPGA'lerde ara bağlantı ve lojik hücreler için kullanılan transistörlere ihtiyaç duyulmaz ve statik olarak harcanan güç SRAM FPGA'lere oranla oldukça azalır yani Antifuse FPGA'ler SRAM FPGA'lerden çok daha az statik güç tüketirler. SRAM tabanlı FPGA'lerde FPGA'in sadece kullanılan kısmı için statik güç harcanmaz, tasarımdan bağımsız olarak FPGA üzerinde statik güç harcanmaktadır. SRAM FPGA'ler için statik güç değeri FPGA modeline göre değişmektedir.

Ayrıca Antifuse FPGA'ler ara bağlantı noktalarındaki düşük çıkış kapasiteleri nedeniyle SRAM FPGA'lere oranla çok daha az miktarlarda dinamik güç harcar. SRAM FPGA'lerde besleme ünitesinin açılımı sırasında fazladan güç çekilir. Çekilen bu güç anlık olarak harcanır. SRAM tabanlı FPGA'lerde dışarıdan bağlanan EPROM (Erasable Programmable Read-Only Memory) veya Flash bellek ile konfigürasyon sağlanır. Ayrıca konfigürasyon kurulumu için de güç tüketimi yapılmaktadır. Bu bilgiler ışığında SRAM tabanlı FPGA'lerin Antifuse tabanlı FPGA'lere oranla çok daha fazla güç tükettikleri açıktır. Ancak, düşük güç tüketim avantajına sahip olan Antifuse tabanlı FPGA'ler belirlenmiş bir tasarıma uygun olarak üretildikleri için başka bir tasarım için kullanılmaları mümkün değildir. (DOĞAN, A.Y., 2008).

2.2.9. FPGA Uygulamaları

FPGA'lar ilk başta ASIC tasarımların ilk örneklerini oluşturmak veya yeni bir algoritmanın fiziksel gerçeklenebilirliğini doğrulamak için donanım ortamı sağlamak amacıyla geliştirildiler. Bununla birlikte, geliştirme maliyetlerinin düşük olması ve kısa sürede pazara sunulabilme özelliklerinden dolayı son ürün yelpazesindeki yerleri zamanla arttı. 2000'lerin ilk yıllarında milyonlarca kapı içeren yüksek performanslı FPGA'lar piyasada yerlerini aldılar. Bazıları gömülü mikroişlemci çekirdekleri, yüksek hızlı Giriş/Çıkış (I/O) ara yüzleri, gömülü RAM ve DSP öbekleri sunmaktadır. Günümüz FPGA'ları beş ana pazar kolunda yer bulmaktadırlar:

1. ASIC ve Custom Silicon (Genel Silikon): ASIC ve Custom Silicon, büyük hacimli yongaların kullanımını olanak veren fakat uzun tasarım süreci gerektiren yöntemlerdir. Bundan dolayı bu alanda test ve prototipleşme gibi çeşitli tasarımlarda FPGA kullanımı giderek artmaktadır (Aydın, 2008).

2. DSP (Digital Signal Processing - Sayısal Sinyal İşleme): DSP'ler içerisinde sayısal sinyal işleme işlevlerini barındıran bir mikro denetleyici olarak

düşünülebilir. Ancak işlem hızı mikro denetleyicilere göre çok daha hızlı ve güvenlik açısından da daha üstündürler. DSP'ler çok uzun algoritmalar içeren matematiksel işlemleri hızlı bir şekilde tamamlarlar. Aynı zamanda bir analog işareti sayısal sinyale çevirerek sayısal sinyal işlemlerini gerçekleştirdikten sonra tekrar analog işarete dönüştürebilirler. İşlenen sayısal sinyal içerisinde gelen analog sinyaldeki hata algılama ve hata düzeltme işlemlerini gerçekleştirebilmektedirler. Ancak DSP'lerin batarya tüketiminin fazla olması bu işlemlerin taşınabilir aygıtlarda kullanışlı olmamasına sebep olmaktadırlar (Lesan ve diğerleri, 2009). DSP uygulamalarına özel entegrelerin bulunmasına rağmen, bugünün FPGA'ları, üzerlerindeki gömülü mikroişlemciler, DSP işlemlerini kolaylaştıracak çarpıcılar, atanmış aritmetik birimler ve yonga üzerindeki büyük miktardaki RAM'lar ile DSP işlemlerini yapabilmektedirler (Anon, 2011e). Bu özellikler, FPGA'larca sağlanan yoğun paralel işlem yeteneğiyle birleştiğinde sonuç en hızlı DSP yongasından 500 kez ve daha fazla hızlı olabilmektedir. Örneğin, Vestel Pixellence (Aydın, 2008), (Selim ve Ulucan, 2008).

3. Embedded Microcontroller (Gömülü Mikro Denetleyiciler): Tek bir silikon yonga üstünde birleştirilmiş bir mikroişlemci, veri ve program belleği, sayısal (lojik) giriş ve çıkışlar (I/O), analog girişler ve daha fazla güç veren ve işlev katan zamanlayıcılar, sayaçlar, kesiciler, analogtan sayısala çeviriciler, vb.gibi öteki çevre birimleri barındıran mikro bilgisayarlardır. İşlevlerine göre farklı markalarda birçok mikro denetleyici tipi vardır ve mikro denetleyiciler, günümüzde otomasyon sistemleri, iletişim sistemleri, beyaz eşya, hava taşıtları, kara taşıtları, bilgisayarlar, cep telefonları, taşınabilir bellekler, mp3 oynatıcılar ve veri yazıcı gibi daha birçok sistemde kullanılmaktadırlar (TEKE, A., 2013). Küçük kontrol fonksiyonları genellikle özel amaçlı mikro denetleyiciler ile çözümlenir. FPGA'ların fiyatlarının düşük olması, en küçük modellerinin bile özel I/O fonksiyonlarını içeren işlem çekirdeklerini sağlayabilecek kapasitede olmaları ve yüksek işlem performanslarından dolayı tercih edilirler. Örneğin, FFT (Hızlı Fourier Dönüşümü), bilgisayardan gelen yüksek çözünürlükteki video serisi üzerinde işlem yapmak ve konvolüsyon işlemleri gibi yüksek

performans gerektiren hesaplamalarda bir mikroişlemci yerine FPGA'lar kullanılmaktadır (Aydın, 2008).

4. Fiziksel Katman Haberleşmeleri (Radyo Haberleşme Sistemi): FPGA'lar fiziksel katman ile yüksek seviyeli haberleşme protokol katmanları arasında ara yüz bağlantısını gerçeklemektedirler (Glue Logic). Son teknoloji FPGA'lar da haberleşme ve ağ oluşturma fonksiyonlarını tek cihazda birleştiren yüksek hızlı alıcı-verici birimleri bulunabilmektedir (Aydın, 2008).

5. RC (Reconfigurable Computing - Yeniden Düzenlenebilir Hesaplama): FPGA'ların hesaplama işlemlerinde kullanımı yeniden düzenlenebilir hesaplama (reconfigurable computing) olarak bilinir. RC'ler FPGA'larca sağlanan içsel paralellik ve tekrar yapılandırılabilirliği sağlayan "hardware accelerate - donanım hızlandırma" yazılım algoritmalarını kullanmaktadırlar. Çeşitli firmalar halen yeni çözümler keşfetmek amacıyla donanım benzetimlerinden şifreleme tahlillerine (şifreleme algoritmalarında özellikle kod kırma işlemlerinde bütün olası senaryoları deneme durumlarında kullanılmaktadır) ve ilaç keşiflerine kadar büyük FPGA temelli tekrar yapılandırılabilir hesaplama tertibatları hazırlamaktadırlar. Bu alanda şirketler algoritmalarını yazılımdan FPGA'ya geçirerek algoritmaların işleyişlerini hızlandırmaktadırlar (Aydın, 2005).

Ayrıca savunma sistemlerinde sınırlı sayıda üretilen tasarımlar için ASIC oldukça pahalıdır. Bu alanlarda FPGA tercih edilir. Halen ASELSAN da dâhil olmak üzere, savunma sektörüne çalışan birçok firma FPGA kullanmaktadır (Selim ve Ulucan, 2008).

FPGA Üzerinde CPU Tasarımı: FPGA'lar CPU tasarımlarıyla farklı sistemlerin içinde gömülü olarak kullanılmaktadır. Bu farklı sistemlerde FPGA'ların hızlı, güvenilir olma özelliklerinden ve paralel işlem yapabilme yeteneklerinden faydalanılmaktadır. ESA tarafından tasarlanan açık kaynak kodlu LEON işlemcisi uzay araçlarında kullanılmış bir FPGA tabanlı CPU tasarımıdır.

FPGA'lar aynı zamanda süper bilgisayar yapımında da kullanılmaktadır. Starbridge firmasının ürettiği ve HAL-15 isimli hiper bilgisayar NASA tarafından kullanılmaktadır. Bu ürün birçok yönüyle bilinen diğer süper bilgisayarlardan daha üstün özelliklere sahiptir (Selim ve Ulucan, 2008).

FPGA uygulamaları; medikal resimleme, robotik, ses tanıma, şifreleme, biyoinformatik, bilgisayar donanım emülasyon, havacılık ve uzay teknolojileri, taşıt teknolojileri gibi alanlarda kullanılmaktadır. FPGA başlangıçta CPLD'lerin rakibi olarak başladı ve benzeri bir alanda mücadele etti. Büyüklükleri, kapasiteleri ve hızları attıkça pazarda SoC (full Systems on a Chips) yaklaşımı ile daha da fazla yer almaya başladı. Günümüzde SoC teknolojisi özellikle yer ve enerji sorunlarını çözmede kullanılır.

Tasarımlarının zorluğundan dolayı FPGA'ların yüksek performans hesaplamalarında kabul görmeleri halen belli bir limittedir (Özden, 2010).

Ayrıca sektölerdeki genel kullanımlarını aşağıdaki gibi sınıflandırıp örneklerini verebiliriz.

FPGA'ler, Tıbbi elektronikte, Uzay ve Savunma da (İletişim, Füzeler & Mühimmat, Güvenli Çözümler için), ASIC Prototipleşmede, Seste (Bağlantı Çözümleri, Taşınabilir Elektronik, Radyo, Dijital Sinyal İşleme (DSP) için), Otomotivde (Yüksek Çözünürlüklü Video, Görüntü İşleme, Araç Ağ ve Bağlantı, Otomotiv Bilgi-Eğlence için), Yayıncılıkta (Gerçek Zamanlı Video Oynatıcı, Kenar QAM, Enkoderler, Görüntüler, Anahtarlar ve Yönlendiriciler için), Tüketici Elektroniğinde (Sayısal Görüntüler, Dijital kameralar, Çok Fonksiyonlu Yazıcılar, Taşınabilir Elektronik, Set Üstü Kutular için), Veri Merkezinde (Sunucular, Güvenlik, Yönlendiriciler, Anahtarlar, Ağ Geçitleri, Yük Dengeleme için), Yüksek Başarımlı Hesaplamada (Sunucular, Süper Bilgisayarlar, SIGINT Sistemleri, Üst Düzey Radarlar, Üst Düzey Işın Şekillendirme Sistemleri, Veri Madenciliği Sistemleri için), Sanayide (Endüstriyel Görüntüleme, Endüstriyel Ağ, Motor Kontrolü için), Tıpta (Ultrason, CT Tarayıcı, MRI, Röntgen, Evcil Hayvan, Cerrahi Sistemleri için), Bilimsel Aletlerde (Lock-in Yükselticiler, Faz-Kilitli Döngüler için), Güvenlikte (Endüstriyel Görüntüleme, Güvenli Çözümler, Görüntü işleme için), Video ve Görüntü İşlemede (Yüksek Çözünürlüklü Video, Video IP Üzerinden Ağ Geçidi, Sayısal Görüntüler, Endüstriyel Görüntüleme için), Kablolu Haberleşmede (Optik Ulaşım Ağları, Ağ İşleme, Bağlantı Arabirimleri için) ve Kablosuz İletişimde (Temel Bant, Bağlantı Arabirimleri, Radyo için) kullanılmaktadırlar.

2.2.10. FPGA Tasarım Ve Programlama

FPGA'in içerisine gömülecek devrenin tasarımı 2 yolla yapılmaktadır. Birincisi şematik tasarımla (grafiksel tasarım) devre elemanlarının teker teker yerleştirilip aralarındaki bağlantıların grafiksel tasarım üzerinde yapılmasıdır. Grafiksel tasarımda tasarım, derleyici programın (Xilinx'deki derleyici program olan ISE, Altera'daki derleyici program olan Quartus vs) kütüphanesinde yer alan araç ve mantık kapıları kullanılarak yapılır. İkincisi ise birçok Donanım tanımlama dili (HDL dili) bulunmasına rağmen yaygın olarak VHDL (Very High Speed Integrated Circuit HDL-Çok Yüksek Hızlı Tümleşik Devreli Donanım Tanımlama Dili) veya Verilog'dan birini kullanarak tasarlanacak devrenin davranışının tanımlanmasıdır. Diğer donanım tanımlama dillerinden bazıları şunlardır; ABEL (Advanced Boolean Expression Language), AHDL (Altera Hardware Description Language), AHPL (A Hardware Programming Language), CDL (Computer Design Language), CONLAN (CONsensus LANguage), IDL (Interactive Design Language), ISPS (Instruction Set Processor Specification), TEGAS (TEst Generation And Simulation) ve TI-HDL (Texas Instruments Hardware Description Language)'dir (Selim ve Ulucan, 2008).

Donanım tanımlama dilleri tasarım sırasında kullanılacak olan FPGA'nin programlanabilir biriminin hangi üretici firmaya ait olduğuna göre farklılık gösterebilir.

FPGA ile gerçekleştirilen örnek bir tasarım, Xilinx firmasının geliştirdiği ISE WebPack programı kullanılarak geliştirilmektedir. Öncelikle tasarım şematik olarak gerçekleştirilmekte ve daha sonra aynı tasarım VDL kodları ile gerçekleştirilmektedir.

Şekil 2.28'de görüldüğü gibi FPGA uygulama süreci istenen tasarımın bir HDL (Hardware Description Language–Donanım Tanımlama Dili) dilinde kodlanması ile başlar. Ardından yazılan HDL kodu uygun tasarım aracıyla sentezlenir, RTL (Register-Transfer Level) şeması çıkarılır (VHDL koduna karşılık gelen mantık kapılarından oluşan devre veya register cinsinden tasarım) ve benzetimi gerçekleştirilir.

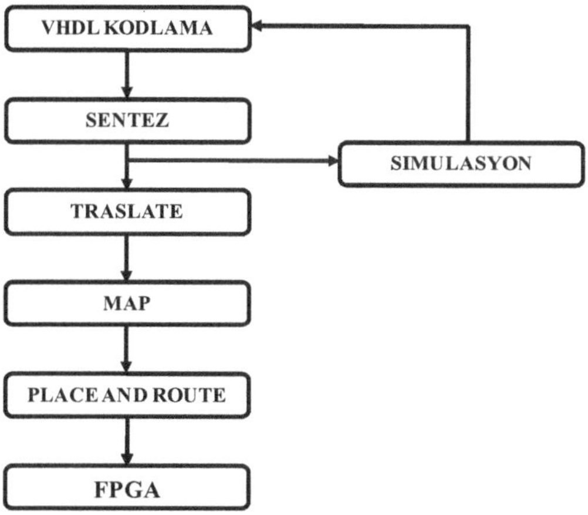

Şekil 2.28: VHDL ile tasarım adımları

Benzetimde istenen sonuçlar alınırsa sentez işlemi ile oluşturulan netlist (standart bağlantı listesi), çeviri (translate) işlemi ile hedef FPGA yongasına uygun formata dönüştürülür.

Bağla (Map) işleminde netlistte bulunan devre elemanları ile FGA yongasındaki devreler eşlenir.

Son olarak eşleşen bu elemanlar place-route (yerleştir-bağla) işlemi ile FPGA'de en uygun (optimal) şekilde yerleşimi yapılır ve bunlar arasındaki bağlantılar tamamlanır.

Gerekli bütün aşamaların başarıyla sonuçlanması durumunda devrenin son hali üretici firmanın sunmuş olduğu paralel kablolar yardımıyla bilgisayar kullanılarak FPGA üzerine yüklenir ve FPGA programlanabilir birimi istenildiği işi yapmak üzere programlanmış olur.

Bu işlemler için genellikle FPGA yongasını üreten firma tarafından geliştirilmiş EDA (Electronic Design Automation- Otomatik Elektronik Tasarım Aracı) yazılım araçları kullanılır. Bizim çalışmamızda Xilinx firması tarafından geliştirilen ISE (Integrated Software Environment-Entegre Yazılım Ortamı) sürümü (versiyonu) 12.1 kullanılmıştır.

FPGA'lar yüksek performans hesaplamalarında kabul görmelerine rağmen, tasarım zorluğundan dolayı hala belli bir limittedir.

2.3. VHDL DİLİ MİMARİ YAPILARI

VHDL, (Very High Speed Integrated Circuits Hardware Description Language) Yüksek Hızlı Entegre Devreleri Donanım Tanımlama Dili anlamına gelen bir programlama dilidir. VHDL, günümüzde donanım tanımlama dillerinden en çok kullanılanıdır. Amerika savunma bakanlığı ve IEEE (Amerikan Elektrik ve Elektronik Mühendisleri Enstitüsü) tarafından 1980' lerde geliştirilmiş bir donanım tanımlama dilidir. 1987'de IEEE standartı oluşturulmuş (VHDL-87) daha sonra bu standart 1993' de geliştirilmiştir (VHDL-93). Xilinx firması tarafından geliştirilen ISE WebPack programı kullanıcılara şematik programlama, kod ile programlama, akış diyagram şeklinde programlama olarak üç farklı programlama seçeneği sunmaktadır. Ayrıca şematik olarak yaptığınız tasarımlarınızın VHDL kodlarını ürettirip bundan sonra yolunuza kodları kullanarak da devam etmenize olanak sağlamaktadır. Yani, ISE WebPack programı ile istediğiniz zaman kod istediğiniz zaman şematik olarak programlama yapabilme esnekliği sunulmaktadır. Bu özellik donanım dilleri arasında onu ayrıcalıklı kılmaktadır (UZUN, S., 2011). Yeni versiyon, saf standardın "genişletilmiş"idir. Bu genişletme, örneğin geniş çapta ihtiyaç duyulan veri tipleri ve alt programlar içeren paketleri (std_logic_1164, numeric_bit, numeric_std, ...) ya da IEEE 1076.6'nın sentez altkümesine benzeyen özel VHDL altkümeleri tanımını kapsar. Her VHDL kodu bir ya da birden fazla kütüphane dosyası içerir.

Son genişletme, VHDL'e analog ve karışık sinyal dil elemanlarının eklenmesi ile yapıldı. Sonuçta oluşan VHDL'in superset'idir ve VHDL-AMS (**A** nalogue- **M** ixed **S** ignal) olarak bilinir (IEEE Std 1076.1-1999) (STANLEY, M., ve diğ. 1996.).

Bir tasarımın yapısını tamamen VHDL programlama dilini kullanarak yapmak mümkün olduğu gibi bu tasarımı parçalarına ayırıp bu parçaları tek tek oluşturup birbirleri ile bağlamak da mümkündür. Yapılan tasarımları hayata geçirmeden önce sanal ortamda benzetimini yapmakta da mümkündür.

VHDL programlama dili ile SPLD' leri de programlamak mümkündür.

VHDL ve verilog dilinde bazı önceden tanımlı yapılar vardır. Bu yapılar kütüphane dosyalarında saklanabilecekleri gibi kullanıcılar tarafından da oluşturulabilirler. Örneğin "AND - OR" gibi yapılar primitive yapılarıdır. Kod yazımı tamamlandığında derleme aşamasında kompiler'in bizim yazdığımız yapıların yerine optimize edilmiş uygun primitive'leri yerleştirebilir olması problem oluşturmaz.

Bunun dışında ISE yazılımında "language templates" adındaki bölümde kullanılan dille ve FPGA ile ilgili hazır yapılarda bulunmaktadır. Ayrıca, kullanıcılar kendi kodları ile de kütüphane oluşturabilir.

Sayısal lojik tasarımda VHDL kullanımı için önce, kodun ne yapacağı tanımlanır, ardından kodun yapacağı işi nasıl yapacağı tanımlanıp VHDL Program kodu yazılır. Sonra program kodu derlenir ve test edilip elde edilen tasarım hedef cihazda uygulanır.

2.3.1. VHDL ve Donanım Tasarımı Karşılaştırılması

VHDL dili kullanılarak tasarım yapılmasının standart donanım tasarıma göre bazı önemli üstünlükleri vardır.

Tasarım süresinin kısalığı VHDL'in bir üstünlüğüdür. Teknolojinin hızla gelişiminden dolayı gerçeklenen bir devrenin kullanım ömrü azalmaktadır. Bu, devrenin tasarım zamanının kısıtlanması anlamına gelir. Böyle durumlarda, devrenin optimum tasarımlanmış olmasının ötesinde tasarım süresinin kısa olması daha çok önem arzeder. VHDL dili kullanılarak tasarım yapılması özellikle bu noktada tasarımcıya önemli yararlar sağlar. Çünkü VHDL dili doğrudan donanım tasarımına göre, tasarım süresi açısından çok daha kısa sürede sonuçlanır.

VHDL'in bir diğer üstünlüğü de tasarımının esnek olmasıdır. Teknolojideki değişimle birlikte kullanılan elamanların yapıları değişmektedir. Yapı değişiklerinin daha önce yapılmış tasarımlarda çalışabilmesi için, kullanılan tasarım ortamının buna uygun olabilmesi gerekir. VHDL dili fonksiyon bağımlı olarak çalışır ve dönüştürücü programlar yardımıyla yazılımın donanım yapısı oluşturulur. Teknoloji değişimleri durumlarında sadece bu dönüştürücü programların yeni teknolojiye uygun hale getirilmiş olması yeterli olacaktır.

VHDL de tasarım kolaylığı da vardır. Genel olarak VHDL dili kullanarak yapılan tasarımlarda, klasik donanım tasarımına göre, donanım bilgisine daha az ihtiyaç duyulur.

Hızlı değişen teknoloji ile birlikte değişime ayak uydurabilmesi için yenileme kolaylığı da VHDL'in diğer bir üstünlüğüdür. Teknolojideki hızlı değişim, gerçeklenen devrelerin değişim sürelerini azaltmıştır. Bu nedenle yapılacak değişimlerin hızlı bir şekilde gerçekleştirilebilmesi zorunlu hale gelmiştir. VHDL dili ile yapılan tasarımlarda değişim esnekliği tasarımcının yazılım gücü ile sınırlıdır (Emiroğlu, B., 2005).

VHDL kullanımını en büyük avantajları şu şekilde sıralanabilir:

• Tasarım tanımlamaların bağımsız olması

• Birçok üreticinin kullanılabilmesi

• Teknolojinin gerisinde kalan elemanların kullanımının engellenmesi

• Belgelemenin standart bir şekilde hazırlanması

• Ürünün pazara hızlı çıkmasını sağlaması

• Tasarım maliyetini azaltması

• Tasarım kalitesini artırması

• Fonksiyonların yüksek seviyede kontrolünün yapılabilmesi

• Tasarım elemanlarının tekrar kullanımının sağlanması

2.3.2. VHDL Yapısal Elemanları

VHDL dilinde, Varlık (Entity) tanımlamaları, Mimari (Architecture) yapısı, Biçim (Configuration), Paket (Package) tanımlamaları ve paket yapısı, Kütüphane (Library), İşlem (Process) gibi önemli ana yapılar bulunur. Çizelge 2.12'de de VHDL objelerinin tanımlaması gösterilmektedir. Örneğin Process'i kısaca şöyle açıklayabiliriz; Architecture da paralel işleme (concurrent) yapılırken, Process'te seri - sıralı işleme (squential) gerçekleştirilir. Yani, architecture bloğunun içine birden fazla process konulursa bu process'ler kendi içlerinde seri çalışırken dışarıda parallel çalışırlar. Process bloğunda sıralı işlemlerden "CASE", "IF ELSE", "LOOP" komutları kullanılabilir. Diğer taraftan, process blokları bir sensivity (duyarılık) listesine yada "wait" komutuna sahip olmalıdır.

Çizelge 2.12: VHDL objelerinin tanımlaması

	Entity	Architecture	Process/Subprogram	Package
Subprogram	X	X	X	X
Component		X		X
Configuration		X		
Constant	X	X	X	X
Datatype	X	X	X	X
Port	X			
Signal		X	X (Process)	X
Variable			X(Subprograms)	

Temel olarak varlık (entities) , mimari (architectures) , biçim (configurations) ve paket (packages) VHDL'in yapısal elemanlarıdır (Şekil 2.29).

2.3.2.1. Varlık (Entity) Tanımlaması

VHDL'de her blok kendi başına bir devre olarak düşünülür ve **entity** olarak adlandırılır. Entity verilen bir lojik fonksiyon için bütün giriş ve çıkışları tanımlar. Yani lojik fonksiyonun dış dünyayla bağlantısını tanımlar.

Entity tanımlamaları içerisinde önemli tanımlamalar yapılır. Bu tanımlamalar tür tanımlamaları, alt-tür tanımlamaları, sabit tanımlamaları, dosya tanımlamaları, altprogram tanımlamaları ve "use" ifadeleri gibi tanımlamalardır. Ayrıca, bir "entity" birden fazla "architecture"'a sahip olabilir.

ENTİTY Tanımlamaları: Her tasarım içerisinde mutlaka bulunması gereken bir yapıdır.

PORT: Varlığın giriş ve çıkış sinyallerinin ve onların tiplerinin (yönü, sayısı ve türü) tanımlandığı bölümdür. Port tanımlamaları farklı biçimlerde olabilirler:

IN: Sadece okunabilir. Giriş için kullanılabilir.

OUT: Sadece yazma yapılabilir. Çıkış için kullanılır.

INOUT: Hem okunabilir hem de yazılabilir. Giriş ve çıkış olarak kullanılabilir.

BUFFER: Hem okunabilir hem de yazılabilir. Devrenin içinde bir süreni olabilir.

GENERİC : Generic anahtar sözcüğü entity'ye bir bilgi aktarmak için kullanılır ve Entity içerisinde tanımlanır. Kullanılacak değerler aynı olduğunda "C" dilindeki "#define" ön işlemci komutuna benzer işlem yürütür.

```
use IEEE.STD_LOGIC_1164.ALL;
use IEEE.STD_LOGIC_ARITH.ALL;
use IEEE.STD_LOGIC_UNSIGNED.ALL;
```

PACKAGE (PAKET)

```
ENTITY AndGate IS
        PORT (
                A : in STD_LOGIC;
                B : in STD_LOGIC;
                C : out STD_LOGIC;
        );
END ENTITY AndGate;
```

ENTITY (VARLIK)

```
ARCHITECTURE Behavioral OF AndGate IS

 BEGIN
                C <= A AND B;
END ARCHITECTURE Behavioral;
```

ARCHITECTURE (MİMARİ)

```
CONFIGURATION AndGateConfig OF AndGate IS
                FOR Behavioral
                ENDFOR;
END CONFIGURATION AndGateConfig;
```

CONFIGURATION (BİÇİM)

Şekil 2.29: VHDL yapısal elemanları

Genel formu;

ENTITY NesneAdı **IS**

GENERIC İnterface listesi

PORT İnterface listesi

Port Tanımlanmaları

BEGIN

İfadeler

END NesneAdı;

2.3.2.2. Mimari (Architecture) Tanımlaması

Bir varlık için detaylı çevrim sağlar ve ilgili modüllerin fonksiyonlarını (işlevlerini) tanımlar. Lojik fonksiyonun işlevi **architecture** tarafından belirlenir. Her **entity** için bir **architecture** tanımlanır. BEGIN – END komutları arası paralel (concurent) olarak işlenir.

– Genel formu;

ARCHITECTURE MimariAdı **OF** NesneAdı **IS**

Sabit Tanımlanması ;

Tip Tanımlanması ;

Parça Tanımlanması ;

Sinyal Tanımlanması ;

BEGIN (lojik fonksiyonun yapacağı iş burada tanımlanır;)

Rastlantısal Görev İfadeleri ;

İşlem İfadeleri ;

END MimariAdı;

Mimaride modülün girişleri ile çıkışları arasındaki ilişkiler tanımlanır. Tanımlama davranışsal, veri akışı veya yapısal olmak üzere üç farklı şekilde yapılabilir. Lojik devre çok basitse yapısal ve veri akışı tanımı, devre karmaşıksa, davranışsal tanımı, çoğu zaman da 3'ü bir arada kullanılır.

1. Davranışsal (Behavioral) Mimari: Lojik fonksiyon, basit kapılar ve bunların bağlantılarıyla tanımlanır. Davranışsal mimaride, işlemler (process'ler) kullanılarak, bilgisayar yazılımı biçiminde bir tasarım yolu izlenir. Kapıların tipi ve bağlantılarının nasıl olduğu ya da bunlar arasında veri akışının nasıl olacağı önemli değildir. Devrenin giriş ve o andaki durumuna göre çıkışlarının ne olacağı davranışsal tanımı oluşturur. Ancak tasarımın nasıl gerçekleneceği konusunda bilgi verilmediğinden dolayı genelde

program da yapılan küçük değişimler büyük farklara neden olabilir. Bunun için yazımda sürekli olarak donanım (hardware) düşünülerek yazım dikkatlice yapılmalıdır.

Davranışsal mimaride process ile birlikte duyarlılık ifade eden parametreler parantez içinde yazılır. Bu sayede process içinde bulunan duyarlılık ifade eden parametrelerden herhangi birinde bir değişim olması durumunda process yukarıdan aşağı doğru gerçekleştirilir. Bir mimaride tek process olmak zorunluluğu yoktur. Bu tür yapılarda tüm processler aynı anda gerçeklenir ancak yukarıda da bahsedildiği gibi process içinde ki işlemler yukarıdan aşağı doğru gerçeklenir (Emiroğlu, B., 2005).

2. Veri Akışı Mimarisi: Veri akışı mimarisinde devre tasarımı; karşılaştırıcılar, toplayıcılar, kod çözücüler ve basit logic kapılar kullanılarak tasarlanır. Bu yapıda kullanılan satırlar tamamen eşzamanlı olarak çalışır. Bu tasarım yapısında yazılan satırlarda ki eşitliklerin sağ tarafında kalan ifadeler duyarlılık ifade eden sinyallerdir.

Bu tür mimaride davranışsal mimariye göre dışarıdan bakıldığında yapılacak işlemin anlaşılırlılığı daha azdır. Aynı zamanda yapılacak işlemin gücü büyüdükçe her fonksiyonu standard elemanlarla göstermek, yazılım karmaşıklılığını artıracak ve sonuca ulaşmak zorlaşacaktır. Bu nedenle büyük işlemli tasarımlarda, tasarımı standard elemanlarla ifade etme zorluğu nedeniyle, genelde kullanıcı davranışsal mimariyi tercih eder. Ancak veri akış mimarisi davranışsal mimariye göre daha kontrollüdür (Emiroğlu, B., 2005).

3. Yapısal Mimari: Yapısal mimari temel olarak tamamen kullanıcının kontrolündeki bir tasarım biçimidir. Bu tasarımda tüm bağlantılar yazılımcı tarafından tanımlanır ve işaret isimleri verilerek belirlenir. Ayrıca kullanılacak elemanlar yazılımcı tarafından "component" olarak ifade edilir ve tasarımda kullanılır.

Bu tasarım biçimi yapılacak olan donanım (hardware) çiziminin yazılarak yapılması olarak görülebilir. Bu nedenle sistem karmaşıklığı arttıkça bu tasarımın kullanımı çok zorlaşacaktır. Küçük projelerde ya da genelde aynı yapıların tekrar ettiği sistemlerde kullanılabilir. En büyük avantajı tasarımın kaplayacağı alanın kullanıcı kontrolü altında olmasıdır (Emiroğlu, B., 2005).

2.3.2.3. Konfigürasyon (Configuration)

Konfigürasyon, alt komponentlerin nasıl bir araya gelerek komple bir tasarım oluşturduğunu, blokların birbirine nasıl bağlandığını belirleyen yapıdır. Genelde konfigürasyon sadece simülasyon süreci için kullanılır bir diğer ifade ile aslında konfigürasyon, varlık/mimari çiftini tam bir model için seçen VHDL deki tek simüle edilebilir objedir. VHDL konfigürasyon işinde bileşenlerin, tam bir tasarımını yapmak için, varlık/mimari çiftine bağlantı oluşturur. Konfigürasyon sadece bir architecture (mimari) ile ilişkilendirilebilir. Bir entity'ye (varlık) ait olan configuration (konfigürasyon), entity ile aynı kütüphane içinde deklare edilmelidir. Configuration anahtar sözcüğü bir entity için birden fazla architecture kullandığımızdan ne zaman ve hangi durumlarda hangi architecture'ın kullanılacağını seçmemize olanak tanır.

CONFIGURATION KonfigürasyonAdı **OF** NesneAdı **IS**

for Yapı

Mimari yapıları seçme

end for;

end configuration KonfigürasyonAdı

2.3.2.4. Paket (package) ve 'Use' Yapıları

Tüm yazılım sistemlerinde, birden çok yerde kullanılan elemanları ortak olarak kullanmak için belirli yapılara imkân verilmiştir. Bu ortak kullanım takım çalışması için çok kullanışlıdır. VHDL dilinde ortak kullanım oluşturma yapısını 'package' (paket) meydana getirir. Paket gövdesiyle birlikte sık kullanılan veri tipleri, sabitler ve altprogramlar için tanımlamaları tutar. Bir paket başlık (header) ve gövde (body) olarak bölümlere ayrılabilir.

Genel yapıları ise;

PACKAGE BODY kimlik **IS**

Bildirimler

END kimlik;

şeklindedir.

```
Package logic is
type 3seviye is ("0", "1", "Z") ;
constant BilinmeyenDeger : 3seviye := "0" ;
function tümleme (
        Giriş : 3seviye )
return 3seviye ;
end logic ;
```

Bu örnekte içerisinde fonksiyon tanımı bulunan bir paket bildirim yapısı verilmiştir.

Verilen örneğin paket yapı yazılımı ise aşağıdaki gibi olabilir.

```
package body logic is
function tümleme (
        giriş : 3_seviye )
return 3_seviye is
begin
case giriş is
when "0" =>
        return "1" ;
when "1" =>
        return "0" ;
when "Z" =>
        return "Z" ;
end case ;
end tümleme ;
end logic ;
```

Paket yapılarının kullanımları use ifadeleri ile gerçekleştirilir. Use ile yazımından sonra kullanılacak paketin adı yazılır. Hemen ardından nokta ve sonrasında ise paket içerisinde kullanılacak tanım yazılır. Başka kullanılacak yapılar varsa virgülden sonra aynı mantık içerisinde yazılarak yapılır. Paket içerindeki tüm tanımlamalar kullanılacak ise bu durumda paketin adından sonra nokta ve sonrasında "all" ifadesi yazılarak, tüm tanımlamalar alınmış olacaktır. Bununla ilgili olarak yukarıdaki örnekte gerçeklenen logic paketini kullanan bir kod yazılabilir.

```
use logic.all ; logic paketi içerindeki tüm tanımlamalar alındı.
entity tümleme is
port (
        X : in 3_seviye ; Y : out 3_seviye) ;
end tümleme ;
architecture tümleme_yapısı of tümleme is
begin
process
begin
        Y <= tümleme (X) 10 ns ;
wait on X ;
end process ;
end tümleme_yapısı ;
```

2.3.3. VHDL Veri Türleri

VHDL dilinde, sıkça kullanılacağı düşünülen belirli data türleri yazılım içerisinde oluşturulmuştur. Ancak VHDL de bu konu ile ilgili olarak esnek bir yapı oluşturulmuştur. Kullanıcı kendi veri türünü oluşturabilir. Aşağıda bazı veri türü tanımlama örnekleri mevcuttur. Bu örnekler genel olarak integer yapısında olan tür tanımlamalarını gösteren örneklerdir.

```
type x is range –10 to 10 ;

type y is range 40 downto 30 ;
```

İnteger tür tanımlamalarının yanı sıra kayan nokta tür tanımlamaları da yapılabilir. Bu örneklerde sınır tam sayılardan oluşmaz. Aşağıda bununla ilgili bir örnek mevcuttur.

```
type k is range –2+ 0.1E-20 to 2 + 0.1 E 20 ;
```

Bu iki farklı tür tanımlamaları dışında kalan tüm tanımlamalar da farklı tür tanımlamaları olarak düşünülür. Bu anlamda, tür tanımlamaları 3 farklı grupta düşünülebilir.

3. grup tür tanımlamalarına en iyi örnek olarak 3-seviyeli lojik tasarım düşünüldüğünde, ortaya çıkacak 3 türü tanımlama sorunu cevap verir. Burada 3_seviyeli parametresi, "0", "1", "Z" değerlerinden oluşturulacak şekilde tanımlanması durumunda 3 seviyeli yapı tanımlanmış olur. Bununla ilgili örnekler aşağıda verilmiştir.

type 3_seviye **is** ("0" , "1" , "Z") ;

type mantık **is** (False, True)

2.3.4. VHDL Veri Nesneleri

Bir veri nesnesi, belirli bir tipin değerini tutar ve donanımda direk sentez yapabilir. VHDL de, signals (işaretler), variables (değişkenler) ve constants (sabitler) olarak 3 çeşit nesne tanımlamaları bulunmaktadır.

1. Sinyal (Signal) : Fiziksel bir çevrim gösterir. Güncel değeri ve belirlenmiş bir sonraki olası değerleri içeren değerlerin listesini tutar. Bağlantı kablolarını simgeler. Sinyal'ler donanımsal bağlantıyı ifade ederler, değişimleri bağlı oldukları işaretlerin değişimleri ile gerçekleşir dolayısıyla doğrudan değerinin değişimine yönelik işlem yapılamaz. Her bir sinyalin önceden tanımlı bir veri tipinin (VHDL de, bit, bit vektörü ve tamsayılar (integer) gibi) olması, sinyalin alabileceği değerlerin sayısını kısıtlar. Sinyaller, architecture içerisinde bulunan işlemler arasındaki iletişimi sağlayan fiziksel bağlayıcılardır (wire). Package, entity ve architecture yapılarının içinde deklare edilebirler.

Sinyal tanımlama;

SIGNAL SinyalAdı : STD_LOGIC ;

SIGNAL Address : STD_LOGIC_VECTOR(7 downto 0) ;

SIGNAL Address : STD_LOGIC_VECTOR(0 to 7) ;

signal z : Bit ;

2. Değişken (Variable) : Hesaplamaların sonuçlarını tutmak için kullanılır yani işlem sonucunda elde edilen değişim sonucu, bir sonraki yazıma kadar kalır. Mutlaka fiziksel bir çevrim göstermesi gerekmez. Değerinin değişimi için işlem yapılmalıdır. Sadece process içerisinde görülebilir.

Değişken tanımlama ;

VARIABLE DeğişkenAdı : INTEGER range 0 to 99 := 20 ;

VARIABLE memory : BIT_MATRIX(0 to 7, 0 to 1023) ;

variable y : Boolean ;

Signal – Variable karşılaştırılması

SIGNAL bir entity veya architecture içinde tanımlanabilirken, VARIABLE sadece ardışıl kod içinde (mesela bir PROCESS) tanımlanabilir.

Bu nedenle SIGNAL global bir değişkendir, VARIABLE tanımlandığı PROCESS dışına doğrudan alınamaz.

PROCESS içinde, VARIABLE'daki değişim hemen etkili olurken, SIGNAL'in yeni değerini ancak PROCESS tamamlandıktan sonra kullanabiliriz. Bir diğer ifade ile değişkene (VARIABLE) yapılan atama herhangi bir süre gerektirmezken bir sinyale (SIGNAL) yapılan atamalar belirli bir süre gerektirir. Bu bazı durumlarda hatalara neden olabilir.

SIGNAL'e atama yapmak için <= , VARIABLE için := kullanılır.

3. Sabit (Constant) : Değişmeyecek bir değeri içerir yani bir kez değer alırlar ve bu değeri sürekli olarak korurlar. Simülasyonun başlamasından önce saptanır. Kodun okunabilirliğini artırmak için kullanılır.

Sabit tanımlama;

CONSTANT SabitAdı : TIME := 100 ns ;

CONSTANT SabitAdı : UNSIGNED(3 downto 0) ;

constant x : Integer := 16#FFFF# ;

VHDL de bütün veri nesneleri bir veri tipi ile tanımlanır. Öntanımlamalı veri tipleri;

1. Standart Lojik Tip : STD_LOGIC , STD_LOGIC_VECTOR; BIT tipine göre daha esnek bir yapıya sahiptir. Bu tipi kullanmak için programın başında USE ieee.std_logic_1164.all; ifadesi yazılmalıdır.

(0, 1, Z, L, U, H, X, W ve - değerlerini tutabilir. Z:yüksek empedans, - :önemsiz, L:zayıf 0,H:zayıf 1,U:başlangıç değeri olmayan, X:bilinmeyen)

2. Bit Tip : BIT , BIT_VECTOR. 1 ve 0 elemanlarından oluşur. _vector eklentisi sinyalimizin bit dizisi olduğunu gösterir.

3. Integer (Tam Sayı) Tip : INTEGER. Pozitif ve negatif decimal değerlerdir.

4. Floating–point (Kayan noktalı) Tip : REAL

5. Physical (Fiziksel) Tip : TIME (Zaman tipidir (ps=piko saniye, us:mikro saniye, ms=mili saniye, sec=saniye, min=dakika, hr=saat)

6. Enumeration (Liste) Tip: BOOLEAN (TRUE ve FALSE diye iki değeri vardır. TRUE=1, FALSE=0), CHARACTER (ASCII karakterleridir.)

STD_LOGIC ve STD_LOGIC_VECTOR tiplerinin kullanımı için, VHDL dizayn dosyası *the std_logic_1164* paketini içermelidir.

Kendi veri tiplerimizi belirtebiliriz. Bu özellikle, sınırlı–durum makinelerinin (finite–state machines - FSM) dizaynında yararlıdır.

2.3.5. Interface (Arabirim) Listeleri

İnterface listeleri VHDL dili içerisinde 4 farklı yapıda kullanılır. Bunlar entity tanımlamaları, yerel component tanımlamaları, block ifadeleri ve altprogram tanımlamalarıdır. Tüm yapılarda interface'i oluşturan elemanlar parantez içerisinde yer alacaktır. Her interface elemanı

- nesne sınıfı (**signal, constant** yada **variable**)
- verinin akış yönü (**in , out , inout** yada **buffer**)
- veri türü (Bit vb...)

gibi vasıflarla birlikte tanımlanır.

Her bir entity tanımlaması, component tanımlaması ve blok tanımlaması için, port ve generic'ler için olmak üzere, iki interface listesi vardır. Alt program tanımlamalarında ise alt program parametrelerini gösteren bir adet interface listesi bulunur. Çizelge 2.13'de port, generic ve parametre türleri için izin verilen nesne sınıfları ve modları verilmiştir.

Çizelge 2.13: VHDL arabirim (interface) Listeleri

Entity, component ve block'lardaki interface listesi		
İnteface nesnesi	*Nesne sınıfı*	*İzin verilen mod*
Port	Signal	in out inout buffer
Generic	Constant	in
altprogram'lardaki interface listesi		
İnteface nesnesi	*Nesne sınıfı*	*İzin verilen mod*
Parametre	Signal	in out inout
Parametre	Constant	in
Parametre	variable	in out inout

2.3.6. Altprogramlar

Fonksiyonlar (function), prosüdürler (procedure) ve operatörlerin biraradaki ismine altprogramlar denir ve VHDL' nin önemli yapılarındandır. Program içerisinde tekraren çağrılabilirler. Fonksiyonlar dönüş (return) değeri alırken, prosüdürler dönüş değeri almazlar. Altprogram tanımlamaları sadece 'interface' bilgisini içerir. Altprogram yapısı ise 'interface' bilgisi, yerel tanımlamalar ve ifadeleri içerir. Altprogram tanımlaması ile altprogram yapısı arasındaki fark, 'entity' bildirimi ve 'architecture' yapısı arasındaki fark gibidir.

Alt program içinde olan operatörlerin sınıflandırılması ve örnekleri Çizelge 2.14'de verilmiştir. Aynı sınıftaki her bir operatör eşit önceliklidir.

Çizelge 2.14: Operatörler

Operatör Sınıfı	**Operatör**
ÇEŞİTLİ-KARIŞIK	** , ABS , NOT
ÇARPIM	* , / , MOD , REM
İŞARET	+ , -
TOPLAMA	+ , - , &
DEĞİŞME DÖNDÜRME	sll , srl , sla , sra , rol , ror
İLİŞKİSEL	= , /= , < , <= , > , >=
MANTIKSAL	and , or , nand , nor , xor, xnor, not

Altprogram bildirimleri asağıdaki gibi yapılır.

FUNCTION kimlik interface listesi **RETURN** dönüş türü

PROCEDURE kimlik interface listesi

Bu bildirimlerde, 'interface' listelerinin olma zorunluluğu bulunmamaktadır. Yani altprogramlar parametresiz olabilir. Altprogram tanımlamaları asağıda ifade edildiği gibi yapılabilir. Her iki altprogram türü için aynı yapı geçerlidir.

procedure A ;
function B **return** byte ;
procedure C (x : **inout** Integer) ;
function D (x : Integer) **return** byte ;
procedure C (**variable** x : **inout** Integer) ;
function D (**constant** x : **in** Integer) **return** byte ;

Genel yapıları;

Altprogram özelliği **IS**

Bildirimler

BEGIN

İfadeler;

END kimlik;

Örneğin; **FUNCTION** Ornek (X,Y: byte) **RETURN** byte
BEGIN
IF (X>7)
RETURN X;
ELSE
RETURN Y;
END IF;
END Ornek ;

2.3.7. VHDL Dili Temelleri ve Yazılım Özellikleri

Bu bölümde VHDL dilinin bazı önemli özellikleri ve temel kullanım kuralları açıklanacaktır. Şekil 2.30 da örnek VHDL kodu genel yazılım yapısı verilmiştir.

```
--------------------------------------------
-- Örnek VHDL Kodu --
--------------------------------------------
SIGNAL ilkGiris : bit;              --örnek sinyal

İLKgiris <= '1',                   --'1' den başlar
        '0' After 3 ns,            --ve diğer duruma geçer
        '1' AFTER 3 ns,            --her 3 saniyede bir değişir
        '0' After 3 ns;
```

Şekil 2.30: Örnek VHDL kodu

Örnekten de görüleceği gibi;

yazım: büyük küçük harfe duyarlı değil,

açıklamalar: '--' den başlar satır sonuna kadar devam eder,

ifadeler (statement): ';' ile sonlandırılır (birden fazla satıra yayılabilir),

liste sınırlandırıcısı: ',' ,

sinyal ataması: '<=' ,

değişkenlere değer ataması: ':='

ve kullanıcı tanımlı isimler: harfler, sayılar, alt çizgi olabilir ancak mutlaka bir harfle başlanılması zorunludur.

2.3.8. Yapısal ve Davranışsal Tanımlamaların Açıklamalı Örnekleri

VHDL dilinde component tanımlamaları design entity birimleri içerisinde gerçekleştirilir. Bir component gerçeklemesi iki bölümden oluşur. Birinci bölümde component'in entity'si bulunur. Bu bölümde component'in hangi giriş çıkış uçlarından oluşacağı bildirimi yapılır. Örnek olarak bir yarı_toplayıcı'nın entity yapısı şu şekilde ifade edilir.

```
entity YarıToplayıcı is
port (
        giriş1 : in Bit ;
        giriş2 : in Bit ;
        toplam : out Bit ;
        elde : out Bit );
end YarıToplayıcı ;
```

Burada koyu olarak yazılı ifadeler VHDL dili kullanım kelimeleridir. VHDL dili bu yapı ile kendi yapısı içerisinde Şekil 2.31'i oluşturur.

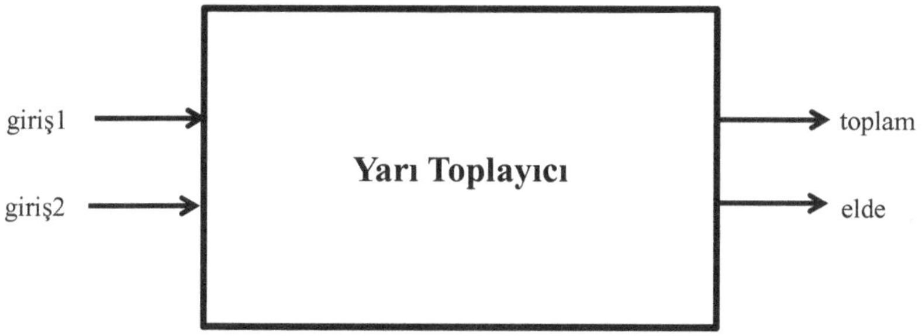

Şekil 2.31: Yarı Toplayıcı (HalfAdder) bloğu

İkinci bölümde ise component'in yapısı ifade edilir. Örnek yarı toplayıcıya ilişkin davranışsal tanımlama bölümü aşağıdaki gibi yapılabilir.

```
architecture DavranışsalTanımlama of Yarıtoplayıcı is
   begin
   process
   toplam <= giriş1 xor griş2 after 10 Ns ;
   elde <= giriş1 and giriş2 after 10 Ns ;
   wait on giriş1 , giriş2 ;
   end process ;
end DavranışsalTanımlama ;
```

Bu yapı içerisinde kullanılan after ifadeleri, gerçeklenmelerde herhangi bir etki yapmaz. Sadece simülasyonlarda gecikme amacıyla kullanılırlar.

Architecture bölümününde gerçeklenmesi ile yarı toplayıcı bir component olarak oluşturulmuştur. Bu component'lerin başka bir yapı tarafından kullanılmaları durumunda ifade edilen port yapıları yeni sistem için, sistem içi işaretleri gösterir. VHDL dilinde signal olarak ifade edilirler. Aşağıda bununla ilgili olarak bir tam toplayıcı örneği verilmiştir.

```
entity TamToplayıcı is
port (
        giriş_1 : in bit ; giriş_2 : in bit ; elde_girişi : in bit ;
        sonuç : out bit ; elde_çıkışı : out bit ) ;
end TamToplayıcı ;
architecture Yapı of TamToplayıcı is
        signal geçiçi_toplam : Bit ;
        signal geçiçi_elde1 : Bit ;
        signal geçiçi_elde2 : Bit ;
component YarıToplayıcı
port (
        giriş1 : in Bit ; giriş2 : in Bit ;
        toplam : out Bit ; elde : out Bit ) ;
end component ;
component or_kapısı
port (
        g1 : Bit ; g2 : Bit ; ç1 : out Bit ) ;
end component ;
begin
        YT0: YarıToplayıcı
port map (
        giriş1 => giriş_1 , giriş2 => giriş_2 ,
        toplam => geçiçi_toplam, elde => geçiçi_elde1 ) ;
        YT1 : YarıToplayıcı
port map (
        giriş1 => geçiçi_toplam, giriş2 => elde_girişi ,
        toplam => sonuç, elde => geçiçi_elde2 ) ;
```

```
    OK2: or_kapısı
port map (
    g1 => geçiçi_elde1 , g2 => geçiçi_elde2,
    ç1 => elde_çıkışı ) ;
end Yapı ;
```

Yukarıdaki örnekte de görüldüğü gibi kullanılan her component bir tanımlayıcı ile etiketlenmiştir. Bu etiketten sonra kullanılan component'lerin yapı içerisindeki işaret yerleri ve bağlantıları ifade edilir. Tüm bu tanımlamalar sonucunda VHDL dili Şekil 2.32 tanım ile oluşturulan tanımlamayı Şekil 2.33'teki yapı biçiminde gerçekleyecektir.

Şekil 2.32: Tam Toplayıcı bloğu

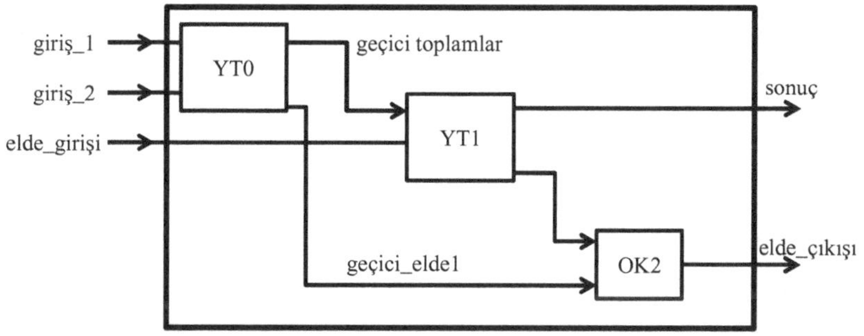

Şekil 2.33: Tam Toplayıcı bloğu ve içindeki bölümleri

2.3.9. Bazı Komutların Kullanım Örnekleri

(**IF** – **ELSE** – **ELSIF**) komutları:

```
IF ( Day = Sunday) THEN
    Weekend := TRUE;
```

```
    ELSIF ( Day = Saturday) THEN
        Weekend := TRUE;
    ELSE
        Weekday := TRUE;
    END IF;
```

LOOP Komutları:

Örnek 1;

```
    WHILE ( Day = Weekday ) LOOP
        Day := get_next_day (Day) ;
    END LOOP;
```

Örnek 2;

```
    FOR i IN 5 to 25 LOOP
        i_squared (i) := i*i ;
    END LOOP;
```

Örnek 3;

```
    PROCESS (x, y)
    BEGIN
        FOR i IN x downto y LOOP
        q (i) := w ( i ) ;
        END LOOP;
    END PROCESS;
```

NEXT Komutu:

```
PROCESS (A, B)
    CONSTANT max_lim : INTEGER := 255;
BEGIN
        FOR i IN 0 to max_lim LOOP
            IF ( done ( i ) = TRUE ) THEN
```

```
            NEXT;
        ELSE
            done ( i ) = TRUE;
        END IF;
        q ( i ) <= a ( i ) AND b ( i ) ;
    END LOOP;
END PROCESS;
```

EXIT Komutu:

```
PROCESS (a)
    variable int_a : integer;
BEGIN
    int_a := a;
    FOR i IN 0 to max_limit LOOP
            IF ( int_a <= 0 ) THEN
            EXIT;
        ELSE
            int_a := int_a-1;
            q ( i ) <= 3,14 / REAL ( int_a * i );
        END IF;
    END LOOP;
    y <= q ;
END PROCESS;
```

WAIT Komutu:

Örnek 1;

```
PROCESS
BEGIN
    WAIT UNTIL clock = '1' AND clock'EVENT;
        q <= d;
END PROCESS;
```

Örnek 2;

```
PROCESS
BEGIN
    WAIT UNTIL clock = '1' AND clock'EVENT;
    IF ( reset = '1' ) THEN
        q <= '0' ;
    ELSE
        q <= 'd' ;
    END IF;
END PROCESS;
```

Örnek 3;

```
PROCESS
BEGIN
    IF ( reset = '1' ) THEN
        q <= '0' ;
    ELSIF clock'EVENT AND clock = '1' THEN
        q <= d ;
    END IF;
    WAIT ON reset, clock;
END PROCESS;
```

Not: "**WAIT UNTIL**" yanında verilen ifade doğru değer verene kadar bekleme yapar.

"**WAIT ON**" yanında verilen sinyal yada değişkenlerde değişiklik olana kadar bekleme yapar.

"**WAIT FOR**" yanında verilen zaman tanımlaması kadar bekleme yapar.

"**WAIT**" ifadeleri birlikte de kullanılabilir.

2.4. FPGA'DA YSA UYGULAMALARI

FPGA tabanlı özel tasarlanmış modüller bilimsel alanda yüksek performans, esneklik ve düşük maliyet gibi önemli parametreleri elinde bulundurmakla büyük ilgi çekmiştir. Çalışmamızdaki temel amaç YSA'nın FPGA'ya uygulanmasında uzman gereksinimini ve uygulama süresini azaltmak için veri yolu tasarımını otomatik yapabilecek araç geliştirmek olduğu için yapılan literatür taraması da bu yönde olmuştur. Bu bölümde bu konuda yapılmış belli başlı çalışmalar özet olarak sunulmuştur.

Yapay Sinir Ağı Eğitiminin IEEE 754 Kayan Noktalı Sayı Formatı İle FPGA Tabanlı Gerçeklenmesi: Çavuşoğlu ve diğ. (2008) yayınladıkları bu bildiride, ileri beslemeli iki katmanlı bir YSA'nın geriye yayılım ile eğitiminin FPGA üzerinde gerçeklenmesi ÖZEL-VEYA problemi temel alınarak anlatılmıştır. Çalışmada, YSA eğitim işlemlerinin [Çok Katmanlı Algılayıcı (ÇKA) ve Geriye Yayılım (GY)] FPGA üzerinde paralel gerçeklenmesi özellikle sağlanmıştır. Eğitimin gerçeklenmesinde Xilinx FPGA ailesine ait 2vp30fg676-7 yongası kullanılmıştır. Çalışma sonucunda az yer kaplayan ve çıkışta elde edilen hata değerinin önemsenmeyecek kadar küçük olduğu bir eğitim gerçeklenmiştir.

Plaka Yeri Tespiti İçin Kenar Bulma, Bit Tabanlı Öznitelik Çıkartma ve YSA Sınıflandırıcısının FPGA Üzerine Uyarlanması: Çavuşlu ve diğ. (2008a), görüntü işlem ve örüntü tanıma problemleri gibi yoğun işlem yükü gerektiren işlevlerin gerçek zamanlı olarak gömülü sistemler üzerinde uyarlanmasının yarı-iletken teknolojilerinde meydana gelen son yıllardaki gelişmeler ile mümkün olabildiğini görmüşlerdir. Bu çalışmada plaka yeri tespit problemi için gömülü sistem alt birimlerinin paralel işlem yeteneğine sahip FPGA üzerine uyarlanması gerçekleştirilmiştir. Geliştirilen alt birimler görüntü işlem ve örüntü tanıma uygulamalarında yoğun olarak kullanılmakta olan görüntü işlem ve sınıflandırıcı alt birimleridir. Bu alt birimler kenar bulma, istatistiksel bit-tabanlı öznitelik çıkarma ve YSA kullanılarak bir resim üzerinde plaka yerinin belirlenmesi işlevlerini başarı ile gerçekleştirmektedir. YSA'nın FPGA ile gerçeklenmesinde sabit noktalı sayı ve kayan noktalı sayı formatlarında ve farklı bit uzunluklarında işlem yapabilen on iki çarpma, on dört toplama ve iki bölme modülü kullanılmıştır. Resim üzerinde ilk olarak kenar bulma işlemi için Sobel süzgeci kullanılmıştır. İşlenmiş imge bit tabanlı öznitelik çıkartma aracı ile işlenerek elde edilen öznitelikler YSA girişi olarak sunulmuştur. YSA eğitiminde toplam dört yüz doksan sekiz örnek kullanılmıştır. Bu örneklerin yarısı plaka içeren pozitif örnek diğer yarısı da plaka içermeyen negatif örnek olacak şekilde ayarlanmıştır. YSA donanım üzerinde gerçeklenmesinde paralel bir yapı kullanılmıştır. Ayrıca sabit nokta sayı formatında işlem yapılması durumunda FPGA kaynaklarının kullanımında çok ciddi bir kazanım elde edilir iken, YSA sınıflandırıcısının eğitim başarısında ihmal edilebilecek oranda bir bozulma oluştuğu görülmüştür. Yapılan çalışmada bilgisayar üzerinden FPGA'ya gönderilen imgelerle donanım üzerinde plaka yeri bulma uygulaması gerçekleştirilmiştir (Çavuşlu ve diğ., 2008a).

FPGA Tabanlı Aritmi Sınıflandırıcı: Bu çalışmayı Özdemir (2009) yapmıştır. EKG (Elektro Kardiyo Gram) kayıtlarının yazılım tabanlı uzman sistemler tarafından yorumlanması 1960'lı yıllara dayanmaktadır. Son yirmi yıldır bu konuda birçok teknik üzerine çalışmalar yapılmıştır. Fakat güçlü tahminsel yeteneğine olan inanç sebebiyle, medikal tanı destek sistemi uygulamalarında kullanılan en popüler yöntem YSA olmuştur. Literatürde önerilen YSA modelleri, çok karmaşık yazılım tabanlı çözümlerdir ve bunlar gerçek zamanlı çalışmazlar. Bu tür yapıların donanım gerçeklemeleri ise ancak pahalı işlemciler üzerinde yapılabilmektedir. YSA donanım gerçeklemelerini taşınabilir ucuz cihazlar üzerinde oluşturmayı mümkün kılmak için, YSA girişine uygulanan EKG işaretinin özellik sayısı azaltılmalıdır. Bu sayede daha az sayıda bilgi ile daha basit bir mimari oluşturmak mümkün olacaktır. Bu çalışmada YSA'nın öğrenme hatası %5 gibi kabul edilebilir bir seviyede tutularak, TBA (Temel Bileşen Analizi) yöntemi kullanılarak EKG giriş işareti özellik sayısı önemli ölçüde azaltılmıştır. Bu sayede 8x2x1 boyutlu basit bir Matlab YSA modeli FPGA donanımı üzerinde IEE-754 32-bit kayan noktalı nümerik sayı formatı kullanılarak gerçekleştirilmiştir.

Çok Katmanlı Algılayıcı Yapısının FPGA İle Gerçeklenmesi: Özden'in (2010) bu çalışmasında, öncelikle bir yapay sinir ağı yapısı olan çok katmanlı algılayıcılar ile ilgili genel bilgi verilmiştir. Sonrasında ağın oluşum basamakları, sinir hücrelerinin oluşturduğu giriş, çıkış ve gizli katmanların konumları ile bu katmanlar arasındaki mantıksal ve matematiksel ilişkiler ve işlemler, örnek birçok katmanlı algılayıcı yapısı ayrıntılı olarak gösterilerek incelenmiştir. Bu aşamada uygun bir eğitim fonksiyonu seçilmiş, bu fonksiyon sonucunda ulaşılan değerler ve oluşan hatalara göre ağın eğitimi yapılmıştır.Dokuz piksel boyutundan oluşan bir gösterim ortamında T ve L harflerinin çok katmanlı algılayıcı yapısının eğitimi yoluyla birbirinden ayırt edilmesi olarak seçilen problem uyarınca, MATLAB ortamında ağın eğitimi ile benzetim, hata hesaplamaları ve testler yapılmıştır.Sonrasında, çok katmanlı algılayıcı yapısının FPGA yongasında çalışması için gerekli olan VHDL kodunun tasarlanmasına geçilmiştir. Bu aşamada takip edilecek yöntemler, sebepleri ve sonuçları ile açıklanmıştır. Takip eden süreçte çalıştırılan VHDL kodunun benzetim ortamında elde edilen sonuçları gösterilmiş ve yorumlanmıştır. Son aşamada, amaca uygun biçimde yapılan tasarım FPGA yongasına gömülerek çok katmanlı algılayıcı örneği gerçeklenmiştir.

Sıradan Gaz Tanımlama Sistemleri ile Endüstriyel Gazlardan Bir Kısmını Sınıflandırabilmek: Bu çalışma sıradan gaz tanımlama sistemleri ile endüstriyel gazlardan bir kısmını sınıflandırabilmek için tasarımlanmış ve benzetimleri yapılabilmiştir. Elektronik burun, programlanabilir mantık araç yongalarında farklı seçicilik ailelerine, sinyal toplama, aile tanımlama ve karar verme bölümlerine sahip SnO_2 den yapılmış ince film şeklinde gaz sensorlarından yapılmış, sekiz küçük portatif sobacık dizisinden oluşur. Çoklu perceptron yapılı geri yayılımlı sinir ağları dizayn edilmiş ve FPGA'ya uygulanmıştır. Sekiz türdeki gaz sensorlarından gelen giriş sinyallerini işlemek için yapılan tasarım VHDL dilinde kodlanmıştır. (Benrekia ve diğ., 2009).

Sinir Sistemi Modellerinin Yüksek Performanslı FPGA'ya Gömülme Mimarileri: Bu çalışmada, değişik bilgisayarlarda farklı yazılım programlarıyla modellenmiş olan YSA'ların eş zamanlı çalışma hızı FPGA'ya gömülerek oluşturulan YSA'lardan daha yavaş olduğu tespit edilmiştir. Ancak FPGA'ların paralel işlem yapabilmeleri sinir sistemi modellerinde performansı artırmaktadır. Yine YSA modellemesi yapılabilen kişisel bilgisayar fiyatlarıyla rekabet edebilmesi için FPGA'ların kullanımı tercih edilebilmektedir (Weinstein, Lee, 2006).

Türkçe Fonemlerin Sınıflandırılmasında Kullanılan Sinir Ağının FPGA Yongalarına Uygulanması: A. Uçar'ın çalışmasında Türkçe fonemlerin sınıflandırılmasında kullanılan sinir ağı, FPGA yongası kullanılarak gerçekleştirilmiştir. Gerçek zamanlı hızlara ulaşmanın, sinir ağlarının donanımsal olarak gerçekleştirilmesiyle mümkün olabileceği belirtilmiş ve bu amaçla radyal tabanlı fonksiyon ağı tasarlanarak oluşturulan donanım mimarisi FPGA yongası için sentezlenmiştir. Sentez sonuçları

FPGA ile gerçeklenen sistemin, gerçek zamanlı fonem sınıflandırması yapabilen bir sistem olduğunu göstermiştir (Uçar, 2007).

3D Grafik Dönüşümleri İçin 32-Bit Kayan Noktalı Modül Tasarımı: Günümüzde, bilgisayar animasyonlarında, yüzlerce animasyon nesnesi tipik bir animasyon sahnesi tanımlamak için sahnede yerleştirilir ve her nesnenin sahnedeki yerini matematiksel olarak ifade etmek için binlerce köşe kullanılır. Bu tür sahneler için üç boyutlu (3D) dönüşümleri kullanmak büyük miktarda işlemci zamanı gerektirir. Bundan dolayı, bir animasyon sahnesinin hesaplanması uzun zaman alır. Ayrıca, gerçek zamanlı animasyonlarda, dönüşüm hesaplamalarını zamanında yapabilmek neredeyse imkansız hale gelir. Bu çalışmada, 3D grafik dönüşümlerini daha hızlı yapabilmek için FPGA üzerinde çalışabilen 32-bit kayan nokta tabanlı bir donanım modülü tasarlanmıştır. Modülün veri işleme hızı genel amaçlı bilgisayarlar (PC) ile karşılaştırıldığında 3D grafik dönüşümlerinin tasarlanan modül sayesinde FPGA üzerinde daha hızlı yapabildiği görülmüştür (ŞAHİN, 2010).

Güç Elektroniği Uygulamaları İçin FPGA'ya Gömülmüş YSA Tabanlı Denetleyici: Güç elektroniği uygulamalarında yapay sinir sisteminin yazılımlara gömülebilmesi için değişik yaklaşımlar vardır. Yapay sinir ağlarında işlemlerin paralel yapılabilmesi çok önemlidir. Mikroişlemcilerin FPGA'lara gömülmesiyle, mikroişlemciler daha güçlü yazılım seçeneklerine (opsiyonlarına), düşük maliyetlere, işlemleri yüksek hızda yerine getirme, tekrar programlanabilme ve paralel işlem yapabilme özelliklerine sahip olmuşlardır ve bunlar güç elektroniği uygulamalarında YSA tabanlı denetleyici olarak kullanılmışlardır (Bastos ve diğ., 2006).

Zhu et al (1999) tablo (LUT-Look-up-table) tabanlı çarpma devreleri ile YSA'nın kalıtımsal paralelliğinin başarılı bir şekilde gerçekleyebileceğini göstermişlerdir. Kalp hastalarının sınıflandırılması için taşınabilir dijital bir sistem prototipi geliştirmişlerdir. Bu sistem eğitilmiş bir ağın Xilinx XC 4000 serisi FPGA'nın üzerinde gerçeklemesiyle oluşturulmuştur (BURR, 1993). Nichols et al (2002) ileri beslemeli bir yapay sinir ağını Xilinx Virtex 2E FPGA'yı üzerinde gerçeklediler. Bu gerçekleştirim sırasında kayan noktalı sayı duyarlılığı ile sabit noktalı sayı duyarlılığının karşılaştırılmasını yaptılar ve geri yayılım algoritması için en uygun sayı sisteminin 16 bit duyarlıklı sabit noktalı sayılar olduğunu kanıtladılar (YU, and DENI 1994)

3. YSA İÇİN FPGA VERİYOLU TASARIMI

3.1. YSA İÇİN FPGA VERİYOLU TASARIMI VE SİNİR HÜCRESİ (NÖRON) KÜTÜPHANESİ (LIBRARY)

Bu bölümde bir YSA'nın her katmanında kullanılabilecek değişik sayıda girişlere ve farklı transfer fonksiyonlarına sahip lego şeklinde birbirine bağlanabilen modülerden oluşan nöron kütüphanesi oluşturulmuştur. Kütüphanedeki nöronlar birbirine bağlanarak katmanları, katmanlarda birbirine bağlanarak bir yapay sinir ağını oluşturacak şekilde tasarlanmışlardır.

Tasarlanan modüller bir donanım tanımlama dili olan VHDL'de kodlanmış ve sentez aracı olarak Xilinx ISE 12.1 kullanılmıştır. Modüller, IEEE 745 standartlarına uygun 32-bit kayan noktalı veri işleyecek şekilde tasarlanmıştır.

Şekil 3.1'de sayısal olarak tasarlanan dört girişli sinir hücrelerinin en üst seviye standart blok diyagramı görülmektedir. Hücreler üzerinde 32-bitlik Dataln ve DataOut giriş ve çıkışları hücrelerin zincirleme birbirlerine bağlanması ve hücre içindeki ağırlık (weight) ve eşik (bias) değerlerinin tutulduğu registerlerin ilk değerlerinin yüklenmesi için tasarlanmıştır. Input0, Input1, Input2 ve Input3 hücreye giden girdi sinyalleridir. EnN EnN_Out sinyalleri hücreler arasında veri akışını senkronize etmek için kullanılmıştır. Hücreler EnN sinyali aktif olduğunda girişlerdeki Input sinyallerini almakta ve işlemeye başlamakta, çıkışta sonuç hazır olduğunda ise kendinden sonra gelen hücreyi uyarmak için EnN_Out sinyalini aktif etmektedirler. Hücre hesapladığı en son değeri FonkOut çıkışı ile kendinden sonraki hücreye iletmektedir.

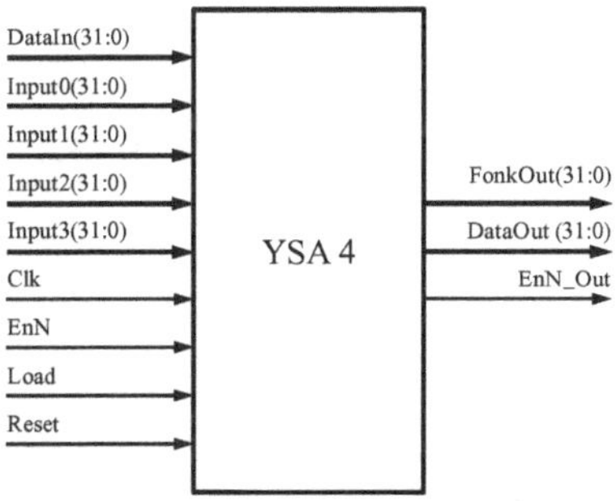

Şekil 3.1: Nöron için genel en üst seviye blok diyagramı

Şekil 3.2'de hücrelerin ikinci seviye blok diyagramı görülmektedir. Hücreler, *Register Ünitesi, Çarpma Ünitesi, Toplama Ünitesi* ve *Fonksiyon Ünitesi* olmak üzere, dört bölümde tasarlanmıştır. *Register Ünitesi* nöronun ağırlık değerlerinin ve eğer hücre eşik değerli olarak tanımlanmış ise eşik değerlerinin tutulması içindir. *Çarpma Ünitesi,* Register ünitesinden gelen ağırlık değerleri ile Girişlerden gelen giriş değerlerinin çarpımını, *Toplama Ünitesi* ise *Çarpma Ünitesinden* gelen değerlerin toplanarak tek bir değer elde edilmesini sağlar. Elde edilen bu değer *Fonksiyon Ünitesine* girdi olarak verilir. *Fonksiyon Ünitesi* kendi transfer fonksiyonlarına göre gelen değeri değerlendirir ve nöronun çıkış değerini oluşturur. İki girişli sinir hücreleride dört girişli hücrelere benzer şekilde tasarlanmıştır. Bu hücrelerin register ünitesinde eşikli olması ya da olmaması durumuna göre üç ya da iki register bulunmaktadır. Aynı şekilde çarpma ve toplama üniteleri de iki girişten gelen veriyi işleyecek şekilde tasarlanmıştır. Şekil 3.3 ve Şekil 3.4'te normal ve eşikli iki girişli hücrelerin yapısı görülmektedir.

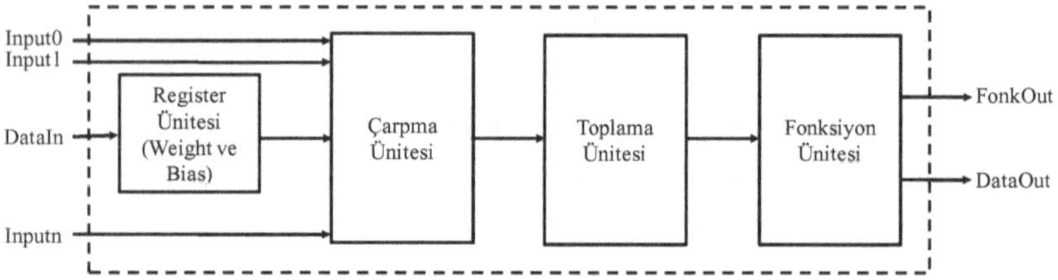

Şekil 3.2: Nöronların ikinci seviye blok diyagramı

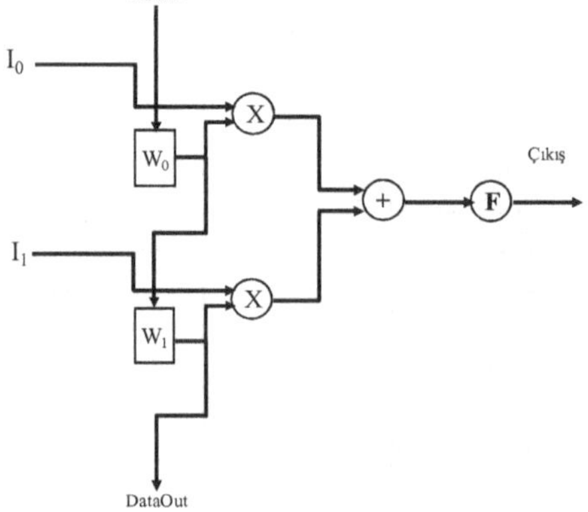

Şekil 3.3: FPGA'da normal iki girişli yapay sinir modeli

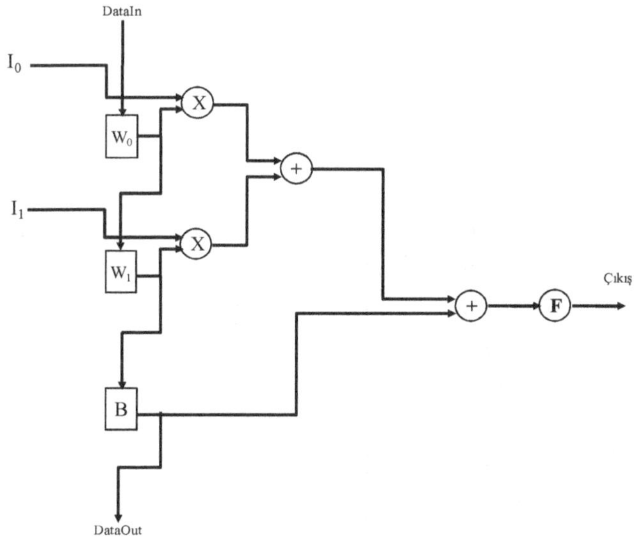

Şekil 3.4: FPGA'da eşikli iki girişli yapay sinir modeli

Şekil 3.5'de, dört girişli normal bir nöronun içyapısı görülmektedir. Register Ünitesindeki bütün registerler bir zincir şeklinde birbirine bağlanmıştır. Bu şekildeki bağlantı sayesinde registerlere ilk değerler seri olarak tek bir girişten yüklenebilmektedir. Bu tasarım hem hücrenin giriş sayısını azaltmakta hem de hücre için tasarlanabilecek bir kontrol ünitesini daha basitleştirmektedir.

Eşik'li hücrelerde eşik değerinin tutulduğu registerde ağırlık registerleri ile aynı zincire eklenir. Eşik değerini işleme katmak için toplama ünitesinde ayrıca toplayıcılar yerleştirilmiştir.

Register ünitesinde weight ve eşik değerlerinin tutulması için kullanılan registerler generic register olarak tasarlanmışlardır. Bu registerler generic parametresi sayesinde istenilen uzunluktaki veriyi tutabilecek uzunlukta sentezlenebilmektedir. Şekil 3.6'da bu çalışmamızda kullanılan 32 bitlik register görülmektedir. Registerin çalışması ise şu şekildedir: Clk sinyalinin yükselen kenarında eğer Load sinyali 1 ise DataIn'deki bilgi okunur. Diğer durumlarda var olan bilgi register içinde saklanır.

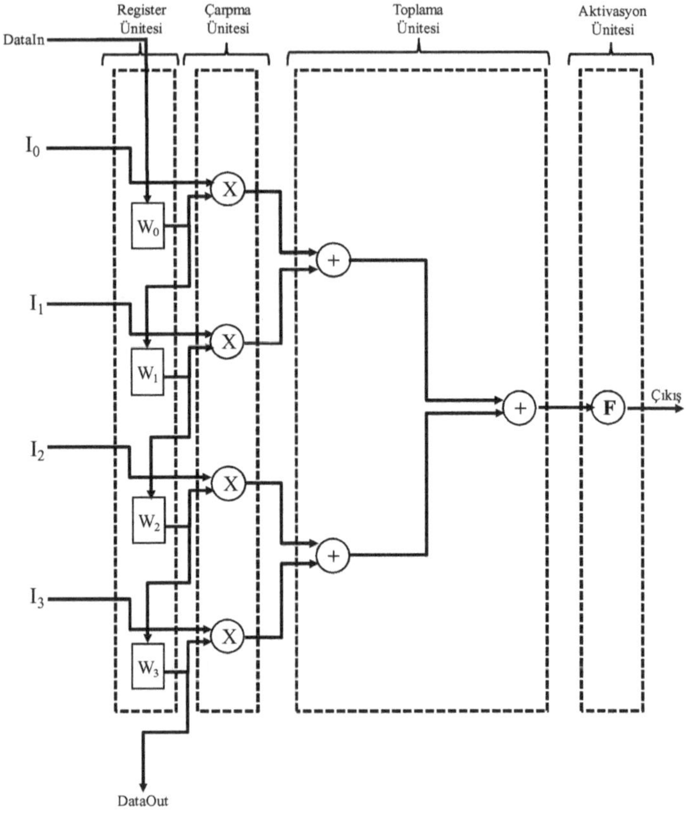

Şekil 3.5: FPGA'da dört girişli normal yapay sinir modeli

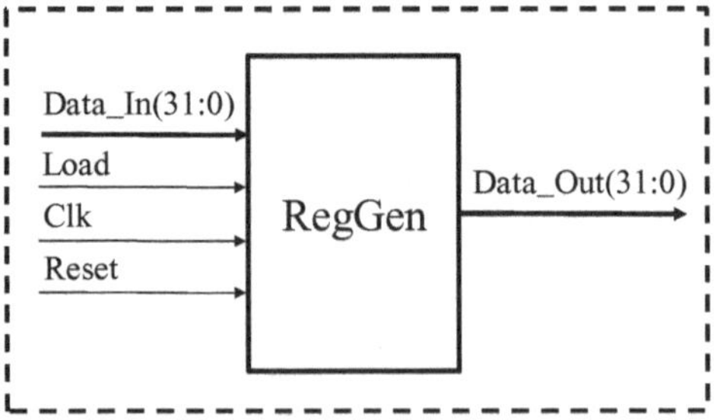

Şekil 3.6: Register

Hücre tasarımlarında kullanılan 32-bit kayan noktalı çarpma ve toplama üniteleri Xilinx'in IP Core Generator (Intellectual Property Core Generator - Fikri mülkiyet çekirdek üretici) tasarım aracı kullanılarak oluşturulmuştur. Şekil 3.7 ve Şekil 3.8'de çarpma ve toplama ünitelerinin blok diyagramları görülmektedir. Her iki ünitede Operation_nd sinyali girişleri hazır olduğunu belirtmek için kullanılır. İşlem sonucu hazır olduğunda ise rdy çıkışı aktif yapılmaktadır. Bu üniteler ağırlık değerleri ile giriş değerlerinin çarpılmasında ve elde edilen çarpımların toplanmasında kullanılmıştır.

Bu çalışma kapsamında giriş adedine, eşik durumuna ve transfer fonksiyonuna bağlı olarak altı değişik nöron modülü tasarlanmış VHDL'de kodlanmış ve test edilmiştir. Tasarlanan ve tasarlanabileceklere örnek modüller Çizelge 3.1'de listelenmiştir. Böylece ANNGEN'i test etmek amaçlı bir örnek nöron kütüphanesi oluşturulmuştur.

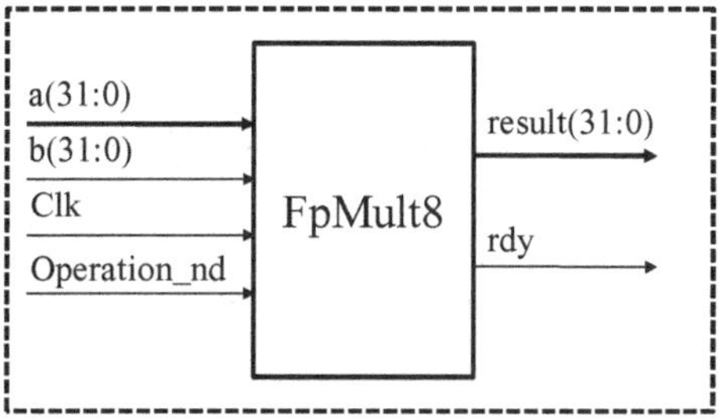

Şekil 3.7: Fpmult8 kayan noktalı çarpım ünitesi

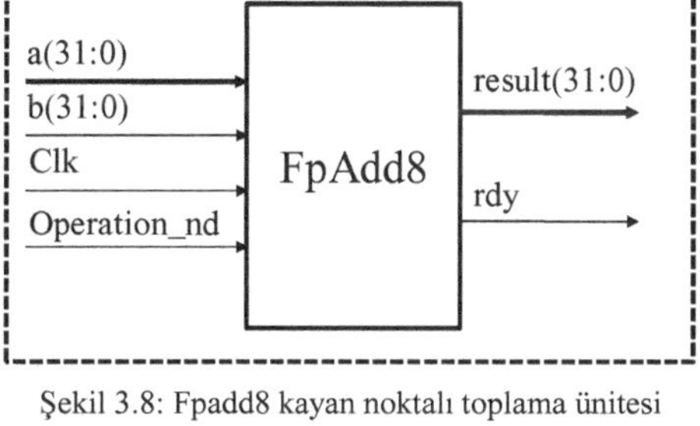

Şekil 3.8: Fpadd8 kayan noktalı toplama ünitesi

Sinir hücresi kütüphanesi için tasarlanan modüller Xilinx'in Virtex-5 FPGA yongası için sentezlenmiş ve modüllerle ilgili istatistikî bilgiler Çizelge 3.2, Çizelge 3.3, Çizelge 3.4, Çizelge 3.5, Çizelge 3.6 ve Çizelge 3.7'de verilmiştir. Bu istatistiklere göre en yavaş hücre 395 MHz (Megahertz) de çalışabilmektedir. Bunun anlamı bu hücrelerle oluşturulacak herhangi bir YSA yapılandırması saniyede 395 000 000 tane zaman (clk) sinyali üretilebilmektedir. Hücrelerin yonga içinde kapladıkları alana bakılırsa dört girişli hücreler en fazla %23, iki girişli hücreler ise en fazla %10 yer kaplamaktadır. Bu sayılar Virtex-5 ailesinin en küçük yongası olan xc5vlx30 versiyonu için geçerlidir. Bu ailenin en büyük yongası 10 kat daha fazla donanım içerdiğinden bu yüzde değerleri 10 da 1'e kadar inebilmektedir. Dolayısıyla dört girişli hücrelerden bir yonga içine yaklaşık 43 adet iki girişli hücrelerden ise 100 adet sığmaktadır. Bu adet değerleri teorik üst sınırlardır.

Çizelge 3.1: Sinir hücresi kütüphanesi

Transfer Fonksiyonu (NeuronType)	**Bias (Eşik)**	**InputCount (Giriş Sayısı)**	**Transfer Fonksiyonu (NeuronType)**	**Bias (Eşik)**	**InputCount (Giriş Sayısı)**
*HLIM **	*0*	*2*	TANS	0	2
HLIM	1	2	TANS	1	2
*HLIM **	*0*	*4*	TANS	0	4
HLIM	1	4	TANS	1	4
*HLMS**	*0*	*2*	LOGS	0	2
HLMS	1	2	LOGS	1	2
*HLMS**	*0*	*4*	LOGS	0	4
HLMS	1	4	LOGS	1	4
*PLIN**	*0*	*2*	COMP	0	2
PLIN	1	2	COMP	1	2
*PLIN**	*0*	*4*	COMP	0	4
PLIN	1	4	COMP	1	4

*Hâlihazırda tanımlaması bitmiş modüller

Çizelge 3.2: Hardlimnormal2 (Normal sabit limit 2)

Kullanılan Mantık Katmanları	**Kullanılan**	**Kullanılabilir**	**Kullanılanın Yüzdesi**
Register Katman Sayısı	1729	19200	9%
Bakma Tablosu Katman Sayısı	1514	19200	7%
Minimum periyot: 2.528ns (Maksimum frekans: 395.570MHz)			

Çizelge 3.3: Hardlimsnormal2 (Normal simetrik sabit limit 2)

Kullanılan Mantık Katmanları	**Kullanılan**	**Kullanılabilir**	**Kullanılanın Yüzdesi**
Register Katman Sayısı	1,729	19,2	9%
Bakma Tablosu Katman Sayısı	1,514	19,2	7%
Minimum periyot: 2.432ns (Maksimum frekans: 411.184MHz)			

Çizelge 3.4: Purelinnormal2 (Normal doğrusal 2)

Kullanılan Mantık Katmanları	**Kullanılan**	**Kullanılabilir**	**Kullanılanın Yüzdesi**
Register Katman Sayısı	1,975	19,2	10%
Bakma Tablosu Katman Sayısı	1,666	19,2	8%
Minimum periyot: 2.435ns (Maksimum frekans: 410.678MHz)			

Çizelge 3.5: Hardlimnormal4 (Normal sabit limit 4)

Kullanılan Mantık Katmanları	**Kullanılan**	**Kullanılabilir**	**Kullanılanın Yüzdesi**
Register Katman Sayısı	4,248	19,2	22%
Bakma Tablosu Katman Sayısı	3,598	19,2	18%
Minimum periyot: 2.477ns (Maksimum frekans: 403.714MHz)			

Çizelge 3.6: Hardlimsnormal4 (Normal simetrik sabit limit 4)

Kullanılan Mantık Katmanları	**Kullanılan**	**Kullanılabilir**	**Kullanılanın Yüzdesi**
Register Katman Sayısı	4,248	19,2	22%
Bakma Tablosu Katman Sayısı	3,596	19,2	18%
Minimum periyot: 2.479ns (Maksimum frekans: 403.388MHz)			

Çizelge 3.7: Purelinnormal4 (Normal doğrusal 4)

Kullanılan Mantık Katmanları	**Kullanılan**	**Kullanılabilir**	**Kullanılanın Yüzdesi**
Register Katman Sayısı	4,497	19,2	23%
Bakma Tablosu Katman Sayısı	3,756	19,2	19%
Minimum periyot: 2.516ns (Maksimum frekans: 397.456MHz)			

Bu modülleri lego şeklinde kullanarak *i* girişli, *z* çıkışlı ve *m* katmanlı yapay sinir ağları oluşturulabilmektedir ve Şekil 3.9'da hücrelerin lego parçalı gibi birbirine bağlanarak yapay sinir ağlarını nasıl oluşturulduğu görülmektedir. Burada giriş katmanından gelen verileri geçici olarak saklamak üzere generic registerler kullanılmıştır. Yine bu registerler bir zincir şeklinde birbirine bağlanarak oluşacak veri yolunun giriş sayısı azaltılmıştır. Hücreler içindeki weight (ağırlıklar) ve eğer varsa eşik değerlerini tutan registerlere ilgili değerleri yükleyebilmek için tek bir kanaldan gelen DataIn sinyali ilk katmanın ilk hücresinin data girişine bağlanmış, bu hücreden çıkan DataOut sinyali bir sonraki hücrenin DataIn girişine bağlanarak bir zincir oluşturulmuştur. Bir katmandaki son hücrenin yine DataOut çıkışı bir sonraki katmanın ilk hücresinin DataIn girişine bağlanarak bütün katmanlardaki bütün hücrelerin bu zincire dahil olması sağlanmıştır. Bu sayede yapay sinir modelinde kaç katman, her bir katmanda kaç hücre ve her bir hücrede kaç ağırlık registeri olursa olsun bunların hepsi tek bir veri girişinden seri olarak yüklenebilmektedir.

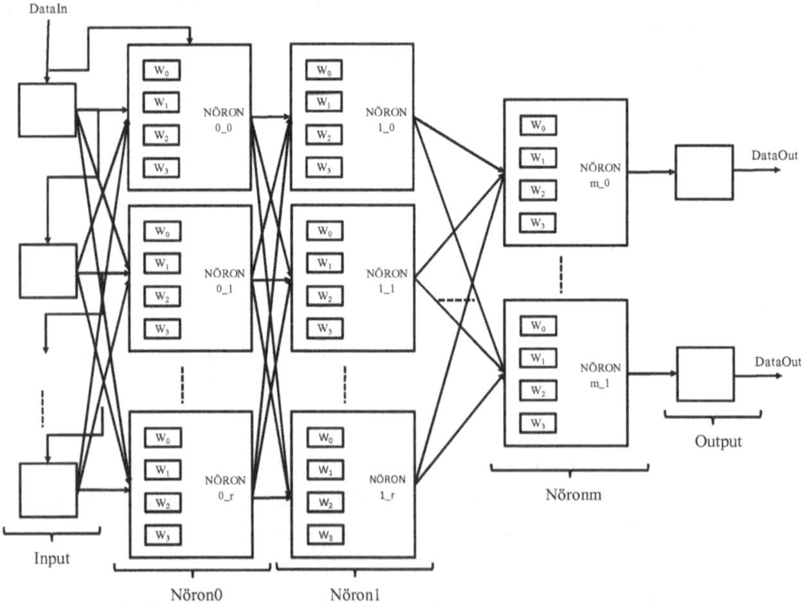

Şekil 3.9: FPGA'da m katmanlı r sinir hücreli yapay sinir modeli

3.2. ANNGEN (YAPAY SİNİR AĞLARININ VHDL KODUNU OLUŞTURUCU)

3.2.1. ANNGEN'in Genel Yapısı

Bu bölümde, verilen metin tabanlı Neural Network tanımlamasına göre VHDL kodu üretmek üzere oluşturulmuş ANNGEN yazımı tanıtılacaktır. Şekil 3.10'da ANNGEN'nin FPGA'da YSA tasarımı akış diyagramındaki yeri görülmektedir. ANNGEN girdi olarak üç farklı dosyaya ihtiyaç duyar. Bunlar metin tabanlı YSA tanımlaması (NetList), modül kütüphanesi (Library) ve Şablon (Template) dosyalarıdır.

3.2.2. ANNGEN'in Girdileri

3.2.2.1. NetList

NetList oluşturulacak YSA'nın metin tabanlı tanımlamasını içeren bir metin dosyasıdır. Bu dosya içinde hiyerarşik bir yapıda oluşturulmak istenen YSA ile ilgili bilgiler yer alır. Şekil 3.11'de, NetList dosyasının genel formatı görülmektedir. Bu yapıda öncelikle YSA'nın kaç katmandan oluştuğu belirtilir. Ardından bloklar halinde katmanlar tanımlanır. Her bir katman tanımlamasında o katmanda yer alan hücrelerin türleri, girişleri, eşik durumu, ağırlık bilgileri ve diğer hücrelerle olan bağlantıları tanımlanır. Input, Neuron ve Output olmak üzere üç değişik katman türü tanımlanabilmektedir.

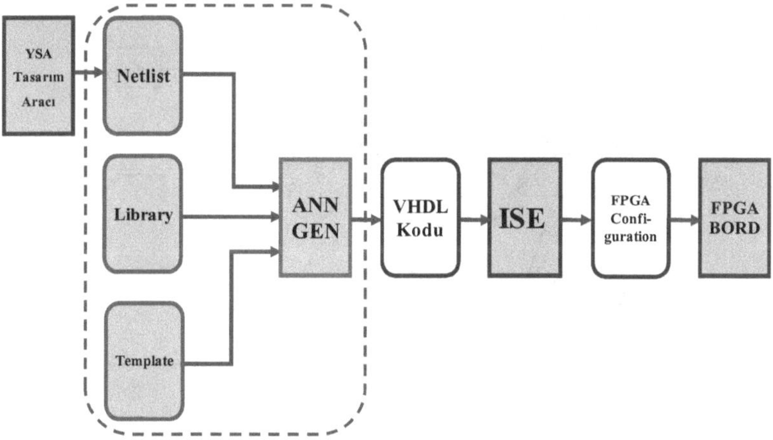

Şekil 3.10: FPGA'ya gömülecek YSA'nın hedeflenen tasarım akışı

```
NETLİST 4<Katman Sayısı>
[
LAYER <Katmanlar> 0 <KatmanNo> INPUT <KatmanTürü> 4 <Katmandaki Element
Sayısı >
[
INP00 INP01 INP02 INP03<GirişSayısı>
]
LAYER 1 NEURON 4
[
NEU00 <İsim> PLIN <TransferTürü> 0 <Eşik> 0.0 < EşikAğırlığı> 4 < GirişSayısı>
0<KatmanNo> INP00 1.1 <Ağırlık0>
0 INP01 1.1<Ağırlık 1>
0 INP02 1.1<Ağırlık 2>
0 INP03 1.1<Ağırlık 3>
.
.
.
```

Şekil 3.11: NetList Şablonu

Şekil 3.12 ve Şekil 3.13'de yapay sinir ağının NetList olarak tanımlanmış hali görülmektedir.

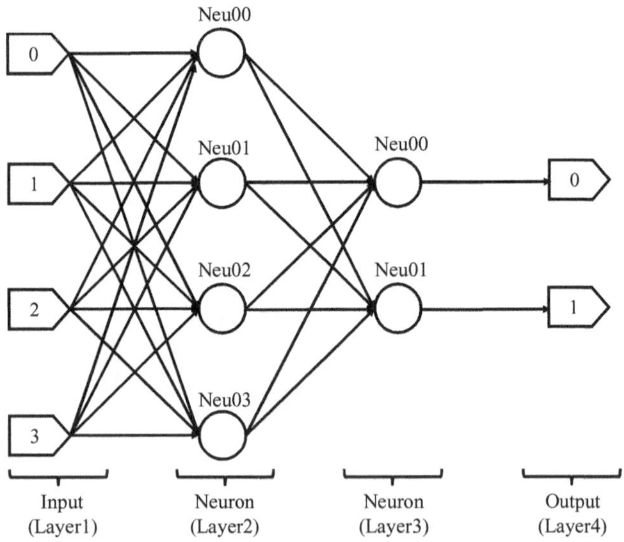

Şekil 3.12: Netlist sinir ağı şeması

```
NETLIST 4
[
	LAYER 0 INPUT 4
	[
		INP00 INP01 INP02 INP03
	]
	LAYER 1 NEURON 4
	[
		NEU00 PLIN 0 0.0 4
			0 INP00 1.1
			0 INP01 1.1
			0 INP02 1.1
			0 INP03 1.1
		NEU01 PLIN 0 0.0 4
			0 INP00 1.1
			0 INP01 1.1
			0 INP02 1.1
			0 INP03 1.1
		NEU02 PLIN 0 0.0 4
			0 INP00 1.1
			0 INP01 1.1
			0 INP02 1.1
			0 INP03 1.1
		NEU03 PLIN 0 0.0 4
			0 INP00 1.1
			0 INP01 1.1
			0 INP02 1.1
			0 INP03 1.1
	]
	LAYER 2 NEURON 2
	[
		NEU00 PLIN 0 0.0 4
			1 NEU00 1.1
			1 NEU01 1.1
			1 NEU02 1.1
			1 NEU03 1.1
		NEU01 PLIN 0 0.0 4
			1 NEU00 1.1
			1 NEU01 1.1
			1 NEU02 1.1
			1 NEU03 1.1
	]
	LAYER 3 OUTPUT 2
	[
		OUT00 2 NEU00
		OUT01 2 NEU01
	]
]
PARAMETERS 4
[
	DataType float
	DataWidth 32
	AddressWidth 32
	VHDLName Deneme
]
```

Şekil 3.13: Örnek NetList

3.2.2.2. Kütüphane (Library)

ANNGEN'in bu girdi dosyası da yine metin tabanlı hâlihazırda var olan hücrelerin ve özelliklerinin listelendiği bir dosyadır. Şekil 3.14'de görüldüğü gibi bu dosyada hücrelerin isimleri, eşik durumları ve giriş adetleri listelenmiştir. Eşik durumu bilgisinin 0 olması hücrenin eşik değersiz yani normal olduğunu, 1 olması ise eşik değerli olduğunu belirtmektedir. ANNGEN bu dosyadan hâlihazırda tanımlaması yapılmış kullanabileceği hücrelerin bilgilerini alır.

3.2.2.3. Şablon (Template)

Bu dosyada ANNGEN'in yeni VHDL kodu yazımında kullandığı çeşitli şablonlar (VHDL kod parçaları) ve ayrıca kütüphanede tanımlanmış hücrelerin VHDL kodları yer almaktadır. Bu bilgiler şablon dosyasına sistematik bir şekilde yerleştirilmiştir. ANNGEN'e yeni hücreler eklenmek istendiğinde bu hücre ile ilgili bilgilerin Kütüphane dosyasına eklenmesi ve hücrenin VHDL kodunun Template dosyasına eklenmesi yeterlidir. ANNGEN otomatik olarak yeni hücreyi tanır.

Sinir Hücresinin (Nöron) İsmi	Eşik (Bias) Durumu	Giriş Adedi
HLIM	0	2
HLIM	1	2
HLIM	0	4
HLIM	1	4
HLMS	0	2
HLMS	1	2
HLMS	0	4
HLMS	1	4
PLIN	0	2
PLIN	1	2
PLIN	0	4
PLIN	1	4

Şekil 3.14: Kütüphane (Library) dosyasının formatı

3.2.3. ANNGEN'in Bileşenleri

Şekil 3.15'de görüldüğü gibi ANNGEN dört temel bileşenden oluşmaktadır. Bunlar sırası ile NetList ve Parametre okuyucu, Kütüphane okuyucu, Şablon okuyucu ve VHDL yazıcıdır.

Şekil 3.16'da ANNGEN'in temel çalışma algoritması görülmektedir. Algoritmaya göre önce isimleri verilen NetList, Kütüphane ve Şablon dosyaları okunur ve okunan bu bilgiler ilgili bölüm için tanımlanmış veri yapısında saklanır. Ardından oluşturulmak istenen YSA'nın tanımladığı NetList'teki hücrelerinin tamamının kütüphanede var olup olmadığı kontrol edilir. Bu aşamada eğer NetList'teki herhangi bir sinir hücresinin tanımlaması kütüphanede bulunamazsa, ANNGEN bir uyarı mesajı vererek işlemi sonlandırır. Eğer bütün hücrelerin tanımlaması varsa ANNGEN NetList için VHDL kodunu üreterek sonlanır.

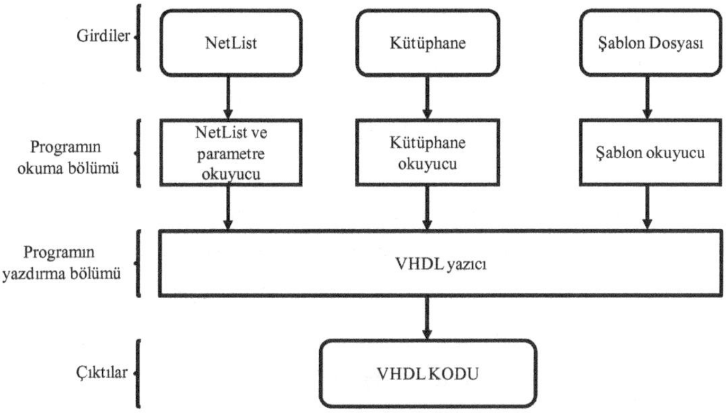

Şekil 3.15: ANNGEN'in genel yapısı

01 Başla.
02 NetList'i oku.
03 Kütüphaneyi oku.
04 Şablon Dosyasını oku.
05 **Eğer** (NetList'teki bütün hücreler kütüphanede varsa)
VHDL kodunu yaz.
Değilse
Uyarı mesajı yaz.
06 Son.

Şekil 3.16: ANNGEN algoritması

3.2.3.1. NetList Okuyucu

NetList okuyucunun görevi verilen NetList dosyasındaki ağ yapısını okumak, parse etmek (uygun şekilde parçalara bölmek) ve NetList için oluşturulmuş veri yapısında saklamaktır. Şekil 3.17'de NetList okuyucunun kullandığı parse edilen ağın bilgilerinin saklandığı veri yapısı görülmektedir. Bu veri yapısı işretçiler (pointerler) kullanılarak çok esnek bir şekilde tanımlanmıştır. NetList okuyucu bir yandan verilen NetList'i okurken bir yandan da ilgili NetList'in ilgili bölümünü depolamak için gerekli hafıza alanını oluşturarak bu yapıya ekler. Örneğin NetList'ten katman adedi okunur okunmaz belirtilen katman kadar hafıza alanı C++ new operatörü ile oluşturularak veri yapısına eklenir. Aynı şekilde her bir katmandaki nöron sayısı belli olur olmaz ilgili katmanda istenen adette nöronu saklayacak hafıza alanı yine new operatörü ile oluşturularak veri yapısına eklenir.

Şekil 3.18'de, NetList okuma algoritması görülmektedir. Öncelikle NetList dosyasından katman adedi okunarak okunan adet kadar katmanı saklayabilecek veri alanı oluşturulur. Ardından bu kısıma yardımcı olarak yazılan Katman okuma fonksiyonu çağırılarak katmanlarla ilgili bütün bilgilerin okunması ve ilgili veri alanında depolanması sağlanır. Katmaların okunmasının ardından oluşturulacak veri yolu ile ilgili parametreler yine aynı NetList dosyasından okunarak NetList veri yapısında ilgili alanlara aktarılır. Okunan parametreler sırasıyla oluşturulacak veri yolunun işleyeceği veri türünü belirten DataType, veri genişliğini belirten DataWidth, adres genişliğini belirten AddressWidth ve oluşturulacak VHDL kodunu yazılacağı VHDL dosyasının ismini belirten VHDLName parametreleridir.

Netlist okuyucuya yardımcı olarak Nöron karşılaştırma ve Katman okuyucu fonksiyonları yazılmıştır. Nöron karşılaştırma fonksiyonu NetList'te metin olarak okunan nöron ismini dâhili olarak tanımlanmış nöron türlerine dönüştürür. Katman okuma fonksiyonu ise NetList dosyasında yer alan katmanları NetList veri alanına okur.

Şekil 3.19'da, katman okuma fonksiyonunun algoritması verilmiştir. Fonksiyon bir döngü içerisinde döngünün her tekrarlanışında bir katmana ait bütün bilgileri okur ve NetList veri yapısına aktarır. Döngünün içinde öncelikle katmanın türü okunur. Üç değişik katman türü bulunmaktadır. Bu katman türleri INPUT, NEURON ve OUTPUT'dur. Her bir katman türünün yapısı ve içeriği farklılık gösterdiğinden katman okuma fonksiyonu katman türü belli olduktan sonra ilgili katmana göre sadece ilgili bilgileri okuyarak Netlist'e aktarır.

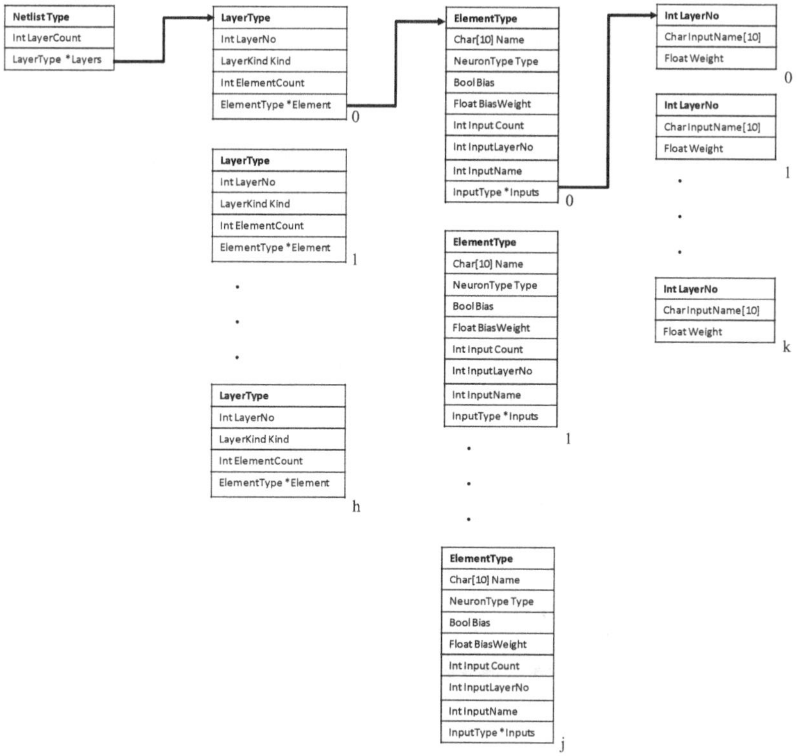

Şekil 3.17: NetList'in tutulduğu veri yapısı

```
NetListType * ReadNetList(char * FileName)
Begin
    NetListType *NL;
    NL ← New NetListType;
    Fpt ← OpenFile (FileName);
    NL.LayerCount ←Fpt;
    NL.Layers ← New LayerType (NL.LayerCount)
    For (each Layers (i) in the NetList) Do
        NL.Layers(i) = ReadLayer(Fpt)
    End For
    ParamCount ← Fpt
    For (each Parameter (i) in the NetList) Do
        Word←Fpt;
        If (Word = "DataType") Then
            Word ←Fpt
            If (Word= "integer") Then
                NL.DataType = 0      #  0 ==> integer
            Else
                NL.DataType = 1      #  1 ==> float
            End If
        End If
        If (Word = "DataWidth") Then
            NL.DataWidth←Fpt
        End If
        If (Word = "AddressWidth") Then
            NL.AddressWidth←Fpt
        End If
        If (Word = "VHDLName") Then
            NL.VHDLName←Fpt
        End If
    End For
    Fpt←CloseFile()
    Return NL
End
```

Şekil 3.18: NetList'i okuma fonksiyonu algoritması

3.2.3.2. Kütüphane Okuma Bölümü

Şekil 3.20'de, Kütüphane okuma fonksiyonunun algoritması görülmektedir. Bu fonksiyon verilen kütüphane dosyasında hâlihazırda var olan ve veri yolu oluşturmada kullanılabilecek nöron hücreleri hakkındaki bilgileri okuyarak Kütüphane türünde tanımlanmış veri yapısına aktarır.

```
LayerType ReadLayer(Ifstream & Fpt)
Begin
    LayerType LT
    LT.LayerNo←Fpt
    LT.ElementCount ← Fpt
    LT.Elements ←New ElementType(LT.ElementCount)
    If (Word="INPUT")Then
        LT.Kind = Input
        for (each Element in the LT) Do
            LT.Elements(i).Name← Fpt
        End For
    Else If (Word="NEURON")
        LT.Kind = Neuron
        for (each Element in the LT) Do
            LT.Elements(i).Name← Fpt
            Word← Fpt
            LT.Elements(i).Type = StrToNeuron(Word)
            Bias← Fpt
            LT.Elements(i).Bias = Bias
            LT.Elements(i).BiasWeight← Fpt
            LT.Elements(i).InputCount← Fpt
            LT.Elements(i).Inputs ← New InputType[LT.Elements(i).InputCount]
            for (each Input in the LT.Elements(i)) Do
                LT.Elements(i).Inputs(k).LayerNo → LT.Elements(i).Inputs(k).InputName
→
                    LT.Elements(i).Inputs(k).Weight← Fpt
            End For
        End For
    Else
        LT.Kind = Output;
        For (each Element in the LT) Do
            LT.Elements(i).Name → LT.Elements(i).OutputLayerNo →
                LT.Elements(i).OutputNeuronName← Fpt
        End For
    End If
    Return LT;
End
```

Şekil 3.19: Katmanları okuma fonksiyonu algoritması

3.2.3.3. Şablon Dosyasını Okuma Bölümü

Şekil 3.21'de Şablon okuma fonksiyonunun algoritması görülmektedir. Şablon dosyası yalın metin formatında tanımlanmış VHDL kalıplarını ve nöronların VHDL kod tanımlamalarını içerir. Fonksiyon, dosya adı verilen Şablon dosyasını açarak dosya içinde bulunan ve VHDL kod yazımında kullanılacak şablon bilgileri ile nöronların VHDL kod tanımlamalarını okur ve Template türünün tanımlanmış veri alanına düzenli bir şekilde aktarır. Şablonların depolandığı Template veri türü Şekil 3.22'de görülmektedir. Yine burada NetList türünde olduğu gibi içine değişik sayıda satırlar içeren yüzlerce şablonun saklanabileceği ama hafızadan sadece ihtiyaç duyulan miktarda alan kullanan esnek bir veri yapısı oluşturulmuştur.

```
LibraryType *ReadLibrary(char * FileName, int &EC)
Begin
    LibraryType *LB
    LB ← New LibraryType (100)
    Fpt← OpenFile(FileName)
    While (!Fpt.eof()) Do
        Word← Fpt
        LB[EC].Type = StrToNeuron(Word)
        Tmp← Fpt
        LB(EC).Bias = Tmp
        LB(EC).InputCount← Fpt
        If (EC=100)Then
            break
        End If
    End While
    Fpt← CloseFile()
    Return LB
End
```

Şekil 3.20: Kütüphane okuma fonksiyonu algoritması

```
TempType *ReadTemplate(char * FileName)
Begin
    TempType *T
    T ← New TempType
    Fpt← OpenFile(FileName)
    T.TempCount← Fpt
    T.Temps ← New TempOneType(T.TempCount)
    For (each element of Temp)
        T.Temps(i).TempName←Fpt
        T.Temps(i).LineCount←Fpt
        T.Temps(i).Written←false
        T.Temps(i).Lines←New LineType
(T.Temps(i).LineCount)
        ch ← Fpt
        For (each element of T.Temps(i).Line)
            ch ← Fpt
            While (ch != endl)Do
                T.Temps(i).Lines(k).Line(j)=ch
                ch ← Fpt
            End While
            T.Temps(i).Lines(k).Line(j) = 0
        End For
    End For
    Fpt ←CloseFile()
    Return T
End
```

Şekil 3.21: Şablon okuma fonksiyonu algoritması

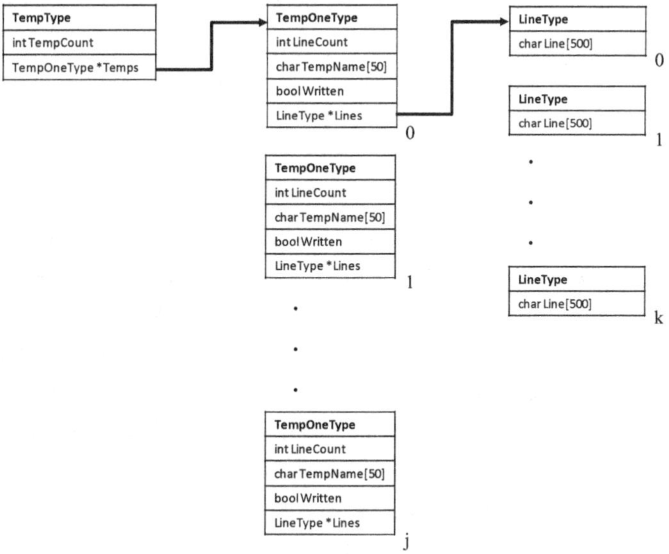

Şekil 3.22: Şablonun tutulduğu veri yapısı

3.2.3.4. Nöron Kontrolü

ANNGEN bütün girdi dosyalarını okuduktan sonra istenen YSA veri yolunu oluşturmadan önce verilen NetList'deki bütün nöronların hâlihazırda kütüphanede olup olmadığını kontrol eder. Bu amaçla bir modül kontrol fonksiyonu (Module Check) yazılmıştır. Şekil 3.23'te modül kontrol fonksiyonunun algoritması görülmektedir. Modül kontrol fonksiyonu parametre olarak NetList ve Kütüphane verilerini alır ve NetList deki bütün katmanları dolaşarak her bir katmandaki her bir nöronun kütüphanede olup olmadığını kontrol eder. Eğer bütün nöronların tanımlaması kütüphanede varsa Doğru (True), diğer durumlarda Yanlış (False) değerini gönderir. Herhangi bir nöronun kütüphanede olup olmadığını kontrol için bir nöronu kontrol fonksiyonu (CheckOneNeuron) geliştirilmiştir. Fonksiyon parametre olarak verilen her bir nöron için kütüphaneyi baştan sona kadar tarar ve o nöronun kütüphanede olup olmadığına karar verir.

ANNGEN Modül kontrol fonksiyonundan Doğru sonucu gelmiş ise NetList de belirtilen YSA için gerekli VHDL kodunu üretmek üzere VHDL yazıcı fonksiyonunu çalıştırır. Eğer False gelmiş ise bir uyarı mesajı vererek sonlanır.

3.2.3.5. VHDL Kod Yazdırma Bölümü (VHDL Yazıcı)

ANNGEN Modül kontrol fonksiyonu ile verilen NetList'deki bütün nöronların kütüphanede olduğundan emin olduktan sonra VHDL kod yazımına başlar. Bu amaçla geliştirilen VHDL Yazıcı (WriteVHDL) fonksiyonunun algoritması Şekil 3.24'te görülmektedir. Fonksiyon öncelikle VHDL kod yapısı gereği üretilen VHDL kodu içinde kullanılacak RegGen, FPMult8 ve FpAdd8 modüllerinin VHDL kodlarını şablon veri yapısından bularak yeni VHDL kodunun başına yazar. Ardından tüm NeList'i dolaşarak istenen nöronların VHDL tanımlamalarını şablon veri yapısı içinden bularak oluşturulan yeni VHDL kodunun devamına yazar. Burada her bir nöronun VHDL kodu yalnızca bir defa yazılır. Daha sonra ANNGEN tarafından tasarlanan veri yolunun yazımına geçilir. Burada ilk olarak şablonlar kullanılarak bir açıklama kısmı yazdırılır. Bu açıklama kısmında klasik bir VHDL kodunda görülebilecek açıklamaların başlıkları yazılır ve geri kalanı kullanıcı tarafından doldurulmak üzere boş bırakılır. Sadece tarih bilgisi sistemden alınarak buraya yazılır.

```
Bool CheckModules (NetListType *N, LibraryType *L, int EC)
Begin
    int i,j;
    Bool Result = True;
    For (each Layer in N) Do
        If (N->Layers[i].Kind == Neuron)
            For (j=0; j<N->Layers[i].ElementCount; j++) Do
                Result = Result & CheckOneNeuron(L, &N->Layers[i].Elements[j],EC);
            End For
        End If
    End For
    Return Result;
End
```

Şekil 3.23: Modül kontrol fonksiyon algoritması

```
Void WriteVHDL(char *FileName, NetListType *NT, LibraryType *Lib, TempType *T)
Begin
   Fptn ←OpenFile(FileName)
   For (k=0 To TempCount; k++)
      If ((strcmp(T->Temps[k].TempName, "REGGEN"))==0 ||
         (strcmp(T->Temps[k].TempName, "FPMULT8"))==0 ||
         (strcmp(T->Temps[k].TempName, "FPADD8"))==0 )
            WriteOneTemp(ofn,T,k);
      End If
   End For
   For (each element of NT.Layer) Do
      If (NT.Layers(i).Kind = Neuron) Then
         For (each element of NT.Layers(i).Element) Do
            For (each element of T.Temp) Do
               If ((strcmp(T.Temps(k).TempName, Str)) = 0 && !(T.Temps(k).Written))
Then
                  WriteOneTemp(Fptn,T,k)
                  T.Temps(k).Written = true
               End If
            End For
         End For
      End If
   End For
   WriteOneTemp(Fptn,T,0)
   time (&rawtime)
   timeinfo = localtime (&rawtime )
   "-- " → asctime (timeinfo)←Fptn
   WriteOneTemp(Fptn,T,1)
   WriteOneTemp(Fptn,T,2)
   WriteOneTemp(Fptn,T,3)
   WriteENTITY(Fptn,NT)
   WriteARCHITECTURE(Fptn, NT, Lib, T)
   Fptn←CloseFile()
End
```

Şekil 3.24:VHDL yazdırma algoritması

4. ANNGEN'İN TEST EDİLMESİ

Bu çalışmada geliştirilen ANNGEN'i test etmek amacıyla Şekil 4.1 ve Şekil 4.2'de görülen YSA'lar için Şekil 4.3.a ve b'de görülen NetList tanımlamaları yapılmıştır. Birinci YSA dört giriş, iki çıkış ve iki gizli katmandan oluşmaktadır. Gizli katmanlarda Doğrusal (Pure Linear) aktivasyon fonksiyonuna sahip nöron hücreleri kullanılmıştır. İkinci YSA ise iki giriş, tek çıkış ve üç gizli katmandan oluşmaktadır. Birinci katmandaki nöronlar Doğrusal, ikinci katmandaki nöronlar Simetrik sabit limit (Symmetric Hard Limit) ve üçüncü katmandaki nöron ise Doğrusal aktivasyon fonksiyonuna sahiptir (SARITEKİN, ve ŞAHİN, 2016).

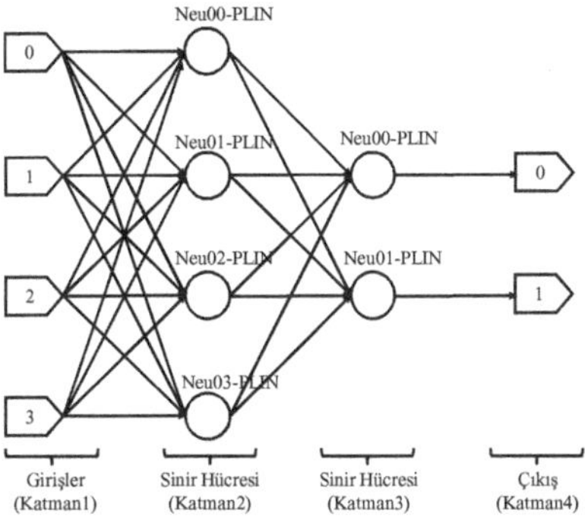

Şekil 4.1: Örnek Netlist1'in sinir ağı şeması

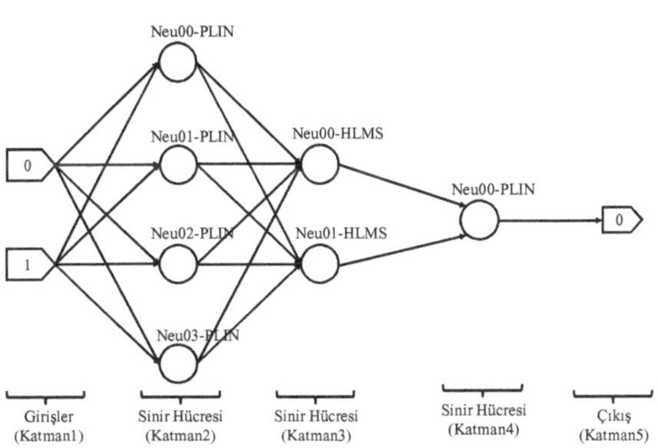

Şekil 4.2: Örnek Netlist2'nin sinir ağı şeması

```
NETLIST 4
[
	LAYER 0 INPUT 4
	[
		INP00 INP01 INP02
INP03
	]
	LAYER 1 NEURON 4
	[
		NEU00 PLIN 0 0.0 4
			0 INP00 1.1
			0 INP01 1.1
			0 INP02 1.1
			0 INP03 1.1
		NEU01 PLIN 0 0.0 4
			0 INP00 1.1
			0 INP01 1.1
			0 INP02 1.1
			0 INP03 1.1
		NEU02 PLIN 0 0.0 4
			0 INP00 1.1
			0 INP01 1.1
			0 INP02 1.1
			0 INP03 1.1
		NEU03 PLIN 0 0.0 4
			0 INP00 1.1
			0 INP01 1.1
			0 INP02 1.1
			0 INP03 1.1
	]
	LAYER 2 NEURON 2
	[
		NEU00 PLIN 0 0.0 4
			1 NEU00 1.1
			1 NEU01 1.1
			1 NEU02 1.1
			1 NEU03 1.1
		NEU01 PLIN 0 0.0 4
			1 NEU00 1.1
			1 NEU01 1.1
			1 NEU02 1.1
			1 NEU03 1.1
	]
	LAYER 3 OUTPUT 2
	[
		OUT00 2 NEU00
		OUT01 2 NEU01
	]
]
PARAMETERS 4
[
	DataType float
	DataWidth 32
	AddressWidth 32
	VHDLName Deneme
]
```

(a)

```
NETLIST 5
[
	LAYER 0 INPUT 2
	[
		INP00 INP01
	]
	LAYER 1 NEURON 4
	[
		NEU00 PLIN 0 0.0 2
			0 INP00 1.1
			0 INP01 1.1
		NEU01 PLIN 0 0.0 2
			0 INP00 1.1
			0 INP01 1.1
		NEU02 PLIN 0 0.0 2
			0 INP00 1.1
			0 INP01 1.1
		NEU03 PLIN 0 0.0 2
			0 INP00 1.1
			0 INP01 1.1
	]
	LAYER 2 NEURON 2
	[
		NEU00 HLMS 0 0.0 4
			1 NEU00 1.1
			1 NEU01 1.1
			1 NEU02 1.1
			1 NEU03 1.1
		NEU01 HLMS 0 0.0 4
			1 NEU00 1.1
			1 NEU01 1.1
			1 NEU02 1.1
			1 NEU03 1.1
	]
	LAYER 3 NEURON 1
	[
		NEU00 PLIN 0 0.0 2
			2 NEU00 1.1
			2 NEU01 1.1
	]
	LAYER 4 OUTPUT 1
	[
		OUT00 3 NEU00
	]
]
PARAMETERS 4
[
	DataType float
	DataWidth 32
	AddressWidth 32
	VHDLName Deneme
]
```

(b)

Şekil 4.3: Test durumları için yapılan NetList tanımlamaları: (a) Dört girişli iki gizli birinci NetList (b) İki girişli üç gizli katmanlı ikinci NetList

ANNGEN, Şekil 4.3.a ve b'de görülen NetList'ler ile birlikte çalıştırılarak istenen YSA'lar için VHDL kodu üretmesi sağlanmıştır. ANNGEN tarafından üretilen VHDL kodları Ek-A ve Ek-B'de verilmiştir. Kodların doğruluğunu test etmek amacıyla Xilinx'in ISE tasarım aracında her bir kod için ayrı ayrı projeler tanımlanmıştır. Tanımlanan bu projelere kodlar eklenerek ISE tarafından önce yazım hatası kontrolü yapılmış ardından devre sentezlenerek her bir YSA için RTL (Register Transfer Level) görüntüsü oluşturulması sağlanmıştır. Oluşturulan RTL'ler tasarlanmak istenen YSA'lar ile karşılaştırılarak ANNGEN'in doğruluğu teyit edilmiştir. Bu işlemlerin tamamı dakikalar içinde tamamlanmıştır.

Böylece ANNGEN'in FPGA de YSA tasarımını nasıl hızlandırdığı da görülmüştür (ŞAHİN, and SARITEKİN, 2016). Şekil 4.4 ve Şekil 4.5'de, her bir örnek test YSA'sı için oluşturulmuş RTL görüntüleri sunulmuştur.

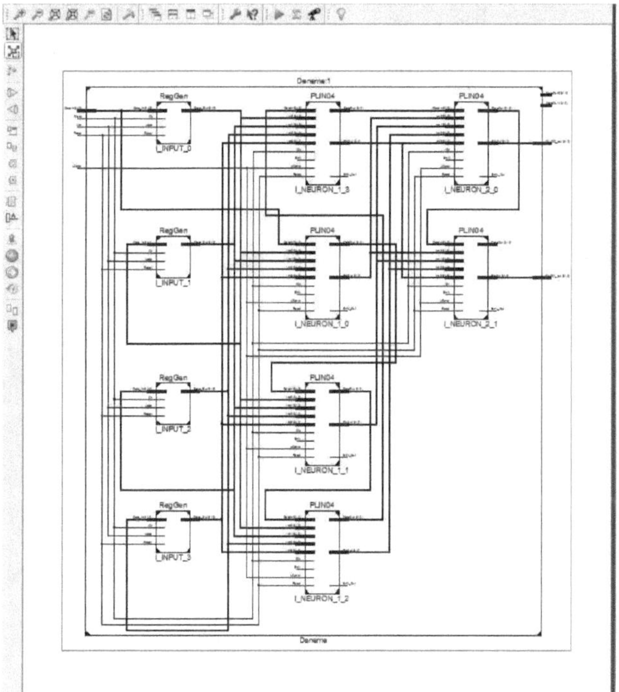

Şekil 4.4: Örnek NetList1'in RTL yapısı

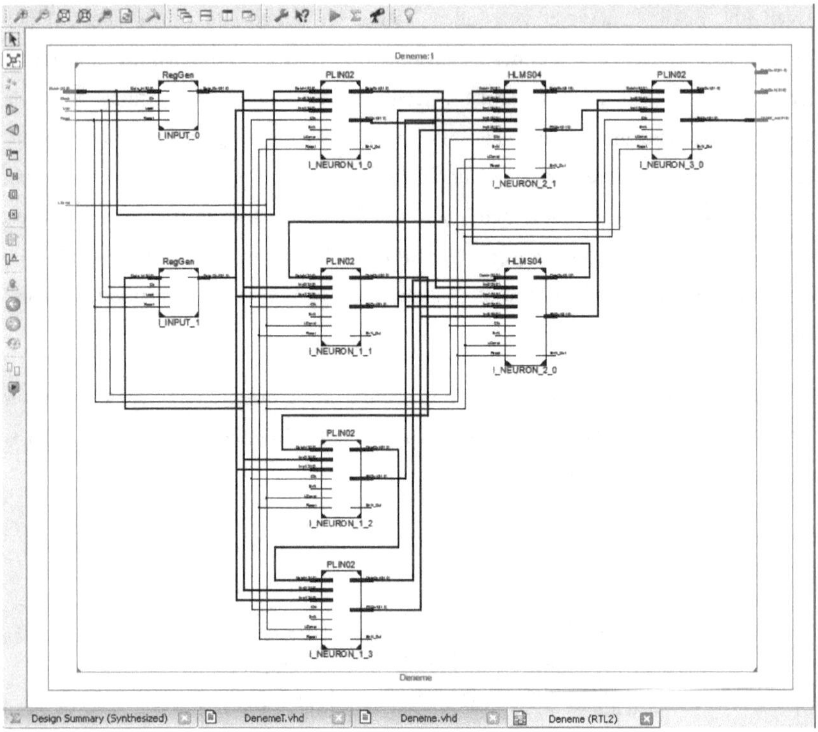

Şekil 4.5: Örnek NetList2'nin RTL yapısı

5. SONUÇ

İnsanoğlu doğadan ilham alarak değişik model ve modellemeler geliştirmiştir. Yapay sinir ağları, insan beyninde doğal olarak var olan sinir hücrelerinin matematiksel olarak taklit edilmesiyle üretilen modele denir. Yapay zekânın bir uygulaması olan yapay sinir ağları son yıllarda geleceği öngörmede, örüntü tanımada, verilerin yorumlanmasında, optimizasyon işlemlerinde, doğrusal olmayan fonksiyon yaklaşımlarında ve birçok değişkene bağımlı zaman serilerinin tahmin edilmesinde önemli bir araç olarak kullanılmaktadır. YSA'larının en çok kullanılan türü çok katmanlı algılayıcılardır. Bu algılayıcılar genellikle geriye yayılım algoritmasıyla eğitilirler. Bununla beraber, bu ağı birçok uygulamada kullanırken karşılaşılan en büyük engel öğrenme aşamasındaki yavaş eğitimdir. Gerçek zamanlı birçok uygulama hızlı öğrenme aşamasında hızlı bir eğitim ve test aşamasında da hızlı hatırlayabilmek ister.

YSA'lar, hem yazılım hem de donanım olarak gerçeklenebilmektedir. Yazılım olarak modellendiğinde özellikle ağ yapısı karmaşıklaştıkça CPU gücü gereksinimi artmaktadır. Özellikle gerçek zamanlı uygulamalarda, anında YSA çıkışının hesaplanması gerektiği durumlarda yazılım olarak modellenen YSA'lar istenen performansı gösterememektedir. Yazılım olarak gerçeklenen YSA'lara birçok alternatif yöntem geliştirilmiştir. Bunlardan bir tanesi de yeniden yapılandırılabilir hesaplama (RC) sistemi kullanımıdır. Aslında tekrar yapılandırılabilir hesaplama ile işlem yoğunluğu artışı ve bunun ötesinde genel amaçlı hesaplama platformu sağlanır.

RC sistemleri genel amaçlı bir bilgisayara eklenmiş programlanabilir FPGA yonga ya da yonga setlerinden oluşur. Bu sistemlerde programların yoğun kısımları özel olarak tasarlanmış modüller sayesinde FPGA yongaları üzerinde çalıştırılır. Çünkü FPGA'lar paralel işlem yapma, yeniden yapılandırılabilme özelliklerine sahiptirler ve tekrar düzenlenebilirlik yeteneği üretildiği zamandan itibaren sonsuz kezdir. YSA'lar paralel işlem yaptıklarından çok hızlı çalışan paralel işlemcilere ihtiyaç duyarlar. Değişik problemler için esnek, değişebilen katmanlara ve farklı transfer fonksiyonlu modellere sahip olmalıdırlar. YSA'lar için gerekli olan bu özellikler FPGA de kolay olarak yapılabilmektedir. Ancak YSA'nın FPGA'ya uygulanması zaman alan ve uzman gerektiren bir iştir.

Kitabımızda, Yapay Sinir Ağları'nın otomatik olarak FPGA'lara uygulanmasına yardımcı olması için geliştirilen tasarım aracı (ANNGEN) anlatılmıştır. ANNGEN girdi olarak üç dosyaya ihtiyaç duyar. Bunlar kullanıcının oluşturulmak istenen YSA'yı metin tabanlı olarak tanımladığı NetList dosyası, ANNGEN'in kullanabileceği sinir hücrelerinin listelendiği Kütüphane dosyası ve hem sinir hücrelerinin VHDL kodlarının bulunduğu hem de VHDL kodu yazımında kullanılan şablonların bulunduğu şablon dosyasıdır. ANNGEN bu üç dosyayı alarak FPGA'da oluşturulmak istenen YSA için gerekli VHDL kodunu saniyeler içinde üretir. Normal şartlarda bu kodun üretimi zaman alan ve uzman gerektiren bir işlemdir. ANNGEN ise bunu çok kısa bir sürede ve uzman gereksinimi olmadan gerçekleştirir. Burada tek yapılması gereken ANNGEN'e oluşturulmak istenen YSA'nın tanımlandığı NetList dosyasını ve daha önceden bir defa tanımlanmış kütüphane ve şablon dosyaları ile vermektir.

Hâlihazırda ANNGEN'in kütüphanesinde üç farklı transfer fonksiyonu için iki girişli ve dört girişli olmak üzere altı adet sinir hücresi tanımlanmıştır. Burada tanımlanan sinir hücrelerinin VHDL kodları şablon dosyasına da eklenmiştir. Yeni sinir hücreleri çok kolay bir şekilde ANNGEN'e tanıtılabilmektedir. Yeni hücre tanımlandığında yapılması gereken iki şey bu hücrenin özelliklerinin bir satırlık metin olarak kütüphaneye eklenmesi ve ardında hücreye ait VHDL kodunun şablon dosyasına uygun formatta yerleştirilmesidir. Bu aşamadan sonra ANNGEN üzerinde herhangi bir değişiklik yapılmadan yeni hücreler YSA oluşturulmasında kullanılabilmektedir.

ANNGEN'i ve geliştirilen bu yeni YSA tasarım yöntemini test etmek için iki adet test durumu oluşturulmuştur. Her bir test durumu için ayrı ayrı NetList tanımlamaları yapılmış ve mevcut kütüphane ve şablon dosyaları ile ANNGEN'e verilmiştir. ANNGEN her iki test durumunda da verilen NetList'e uygun VHDL kodunu saniyeler içinde üretmiştir. Üretilen VHDL kodlarının doğrulunu test etmek için kodlar Xilinx'in ISE tasarım aracı ile önce yazım kontrolünden geçirilmiş ardından da sentezlenerek başarılı bir şekilde RTL şeması oluşturulmuştur. NetList verildiğinde ANNGEN'in saniyeler içinde otomatik olarak VHDL kodunu üretmesi sayesinde, YSA için gerekli VHDL kodu tanımlama sürecini çok kısalttığı ve bu işlem için uzman personel gereksinimini ortadan kaldırdığı gözlenmiştir.

ANNGEN FPGA'da YSA oluşturmak için gerekli veri yolu tasarımını yapmaktadır. Tasarlanan veri yolunu kontrol edecek bir kontrol ünitesine ihtiyaç vardır. Gelecekte ANNGEN kontrol ünitesini de oluşturacak şekilde geliştirilebilir. Yapılabilecek bir diğer çalışma ise ANNGEN'in kütüphanesinin genişletilmesidir. Hâlihazırda kütüphanede altı adet nöronun tanımlaması vardır. Daha değişik aktivasyon fonksiyonlarına sahip daha çok giriş sayılı yeni sinir hücreleri geliştirilerek ANNGEN'in kütüphanesine dâhil edilebilir.

KAYNAKLAR

ANON, 2011, İnsan Beyni [Online], Ankara-Türkiye, http://www.biltek.tubitak.gov.tr/ bdergi/poster/icerik/bellek.pdf, [Ziyaret Tarihi: 8 Nisan 2011].

ANON, 2011a, The Hows, Whats and Whos of Neuroscience [Online], USA, http://faculty.washington.edu/chudler/what.html, [Ziyaret Tarihi: 10 Nisan 2011].

ANON, 2011b, Transfer Functions [Online], USA, http://www. Mathworks.com/help/ toolbox/nnet/ref/f7-23438.html, [Ziyaret Tarihi: 10 Nisan 2011].

ANON, 2011c, FPGA Device Families [Online], USA, http://www.xilinx.com/support/ documentation/data_sheets, [Ziyaret Tarihi: 8 Nisan 2011].

ANON, 2011d, Altera Devices [Online], USA, http://www.altera.com/products/ devices/dev-index.jsp, [Ziyaret Tarihi: 8 Nisan 2011].

ANON, 2011e, FPGA [Online], Türkiye, http://www.cpu-turkey.com/upload/ group/4/ fpga_ceviri.pdf , [Ziyaret Tarihi: 8 Nisan 2011].

ANON, 2011f, Xilinx Virtex™ 5 FX70T, FX100T 4-Lane PCI Express® Gen. 2 / USB 3.0 Development Board, [Online], USA, http://www.hitechglobal.com/ boards/v5ddr3pcie.htm, [Ziyaret Tarihi: 8 Nisan 2011].

ANON, 2016g, FPGAnedir.com, Türkiye, http://www.fpganedir.com/FPGA/ fpga_yapisi.php, [Ziyaret Tarihi: 15 Mayıs 2016]

AYDIN, A., 2008, Field Programmable Gate Array Kullanım Alanları, Field Programmable Gate Array (FPGA) VHDL, [Online], Türkiye, http://fpga.blogcu.com/field-programmable-gate-array-kullanim-alanlari/3864589, [Ziyaret Tarihi:10 Nisan 2011].

AYOK, S., 2013, FPGA Üzerinde MAC/IP/UDP Protokolünün Gerçeklenmesi, Yüksek lisans tezi, İstanbul Teknik Üniversitesi, İstanbul/Turkey.

BASTOS, J. L., FİGUEROA, H. P., MONTİ, A., 2006, FPGA Implementation of Neural Network-Based Controllers for Power Electronics Applications, Applied Power Electronics Conference and Exposition, 2006. APEC '06. Twenty-First Annual IEEE , 19-23 March 2006, USA, 6.

BENREKİA, F., ATTARİ, M., BERMAK, A,. BELHOUT, K., 2009, FPGA ımplementation of a neural network classifier for gas sensor array applications, 6th International Multi-Conference on Systems, Signals and Devices, 23-26 March 2009, Djerba,1-6.

BURR, J., Digital Neurochip Dsign in Parallel Digital Implementations of Neural Networks, Prentice Hall Inc., 1993, pp 223-1214

BÜRHAN, Y., GÜLENÇ, H., 2011, FPGA, [Online], Türkiye, web.firat.edu.tr/bilmuh/ gaydin/dersler/0809/bmu401/ppt/fpga.doc, [Ziyaret Tarihi:10 Nisan 2011].

CAVALIERI, S; DISTEFANO, A; MIRABELLA, O, 1994, Artıfıcıal Neural Networks on A Reconfigurable, Fault-Tolerant, Multıprocessor System, Mıcroprocessors And Mıcrosystems, Volume: 18 Issue: 6 Pages: 331-341.

CİNSDİKİCİ, M., YÜCETÜRK A.C., ÖZTÜRK Y., 1997, 'A Neural Network Approach to Color Reduction with False Color Elimination', New Trends in Artificial Intelligence and Neural Networks, Edited by T.Çiftçibaşı, M.Karaman, V.Atalay (based on TAINN'97 Symposium), Ankara, pp:206-210

CINSDIKICI, M., YUCETURK A.C, OZTURK Y., 27-29 Ekim 1997, 'Partitioned Generalized Euclidean Distance', The Proceedings of the Twelfth International Symposium on Computer and Information Sciences (ISCIS XII), Antalya, pp:623-628

COOPER, E., 2011, Understanding Of How Nerve Cells Acquire Their Unique Structures And Functions [Online], Kanada, http://www.medicine.mcgill.ca/ physio/cooperlab/ cooper.htm, [Ziyaret Tarihi: 10 Nisan 2011].

ÇAVUŞLU, M.A., KARAKUZU,C., ŞAHİN, S., KARAKAYA, F., 2008, Yapay Sinir Ağı Eğitiminin IEEE 754 Kayan Noktalı Sayı Formatı İle FPGA Tabanlı Gerçeklenmesi, Gomsis 2008,3-4-5 Kasım 2008, İstanbul Teknik Üniversitesi Süleyman Demirel Kültür Merkezi, Maslak Yerleşkesi, İstanbul.

ÇAVUŞLU,M.A., ALTUN,H., KARAKAYA, F., 2008a, Plaka Yeri Tespiti İçin Kenar Bulma, Bit Tabanlı Öznitelik Çıkartma ve YSA Sınıflandırıcısının FPGA Üzerine Uyarlanması, Gomsis 2008,3-4-5 Kasım 2008, İstanbul Teknik Üniversitesi Süleyman Demirel Kültür Merkezi, Maslak Yerleşkesi, İstanbul.

ÇORUMLUOĞLU, Ö., ÖZBAY, Y., KALAYCI, İ., ŞANLIOĞLU, İ., 2005, GPS (Global Positioning System - Küresel Konumlandırma Sistemi) Yüksekliklerinden Ortometrik Yüksekliklerin Elde Edilmesinde Yapay Sinir Ağı Tekniğinin Kullanımı, Har. ve Kad. Müh.Odası, Mühendislik Ölçmeleri STB Komisyonu 2. Mühendislik Ölçmeleri Sempozyumu, Kasım 2005, İTÜ.

DAZSI B. A., ENBODY, R., 2001, Artificial Neural Networks For Branch Prediction, Master Science Thesis, Department of Electrical and Computer Engineering, Michigan State University.

DEMUTH, H., HAGAN, M. T., BEALE M., 2011[Online], Neural Network Toolbox™ 7 For User's Guide with MATLAB, The MathWorks, USA, Revised for Version 7.0.1 (Release 2011a), April 2011.

DOĞAN, A.Y., 2008, AES Algoritmasının FPGA Üzerinde Düşük Güçlü Tasarımı, Yüksek lisans tezi, İstanbul Teknik Üniversitesi, İstanbul/Turkey.

ELMAS, Ç., 2003, Yapay Sinir Ağları (Kuram, Mimari, Eğitim, Uygulama), Seçkin Yayıncılık, Ankara, 9.789.753.476.126.

ELMAS, Ç., 2007, Yapay Zekâ Uygulamaları, Seçkin Yayıncılık, Ankara, 9.789.750.206.146.

EMIROGLU, B., 2005, FPGA Tabanlı Des Kripto Çözücü Sistemi, Yüksek Lisans Tezi, Istanbul Teknik Üniversitesi, Turkey.

FAUSETT, L.V., ELWASIF, W., 1994, Predıctıng Performance From Test Scores Usıng Backpropagatıon And Counterpropagatıon, IEEE International Conference on Neural Networks (ICNN 94), ORLANDO, JUN 26-29, Vol 1-7, Pages: 3398-3402.

FIRAT, M., GÜNGÖR M., 2004, Askı Madde Konsantrasyonu ve Miktarının Yapay Sinir Ağları ile Belirlenmesi, İMO Teknik Dergi, Cilt 15, Sayı 3, 3267-3282.

FREEMAN, J., SKAPURA D., 1991, Neural Networks Algorithms, Applications, and Programming Techniques, Addison-Wesley Publishing Company, U.S.A, 0.201.513.765.

GLOSTER, C., and ŞAHİN, İ., 2001, Floating-Point Modules Targeted for Use with RC Compilation Tools, Earth Science Technology Conference (ESTC), College Park, MD.

HAYKIN, S., 1994, Neural Networks : A Comprehensive Foundation, Macmilan College Publishing, U.S.A., 0023527617.

HOPFIELD, J.J., TANK, D.W., 1985, Neural Computatıon of Decisions in Optimization Problems, Biological Cybernetics, Volume: 52 Issue: 3 Pages: 141-152.

KANDEL, E.R., 1991, Principles of Neural Science, Elsevier Science Publishing Co. U.S.A. 9.780.444.006.516.

KOYUNCU, İ., 2008, A Matrix Multiplication Engine for Graphic Systems Designed to run on FPGA Devices, Düzce Üniversitesi, Doktora Tezi, Düzce-Türkiye.,

KUNG, S.Y., 1993, Digital Neural Networks: From Theory to Implementation, Published by Pearson Education (US), United States.

LESAN, A.Y.E. DOUMBİA, M.L. SİCARD, P., DSP-based sinusoidal PWM signal generation algorithm for three phase inverters – 2009 IEEE.

LIPPMANN, R. P., 1987, An introduction to computing with neural nets, IEEE ASSP Magazine, 4-22.

MANDIC, D.P., CHAMBERS J.A., 2001, Recurrent Neural Networks For Prediction - Learning Algorithms, Architectures And Stability, John Wiley & Sons Ltd,USA, 0.471.495.174

NABİYEV, V., 2005, Yapay Zekâ – Problemler, Yöntemler, Algoritmalar, Seçkin Yayınevi, İkinci Basım, Ankara, 9789753479851.

ÖZDAMAR, S. G., 2007, Reconfigurable Architectures (Tekrar Düzenlenebilir Mimariler), [Online], Türkiye, http://web.itu.edu.tr/~orencik/BilgMimYen Yakl2007/Selcuk_Ozdamar/Tekrar_Duzenlenebilir_Mimariler_Rapor_504061529 .pdf, [Ziyaret Tarihi:10 Nisan 2011].

ÖZDEMİR, A.T., 2009, FPGA Tabanlı Aritmi Sınıflandırıcı-FPGA Based Arrhythmia Classifier, Biyomut 2009, 14, Biyomedikal Mühendisliği Ulusal Toplantısı, 20-24 Mayıs, 2009, Dokuz Eylül Üniversitesi, Balçova, İzmir, 1-4.

ÖZDEN, Ö., 2010, Çok Katmanlı Algılayıcı Yapısının FPGA İle Gerçeklenmesi, Yüksek Lisans Tezi, Mayıs 2010, İstanbul

ÖZTEMEL, E., 2003, Yapay Sinir Ağları, Papatya Yayıncılık, İstanbul, 9756797398

PETRIU, E.M., 2011, Neural Networks: Basics, [Online], School Of Information Technology And Engineering University Of Ottowa, Canada, http://www.site.uottawa.ca/ ~petriu/nn_basics-tutorial-2004.pdf, [Ziyaret Tarihi: 10 Nisan 2011].

RINCON, F., and TERES, L., 1998, Reconfigurable Hardware Systems, International Semiconductor Conference, vol. 1, pp. 45-54.

SARLE, W.S., 1994, Neural Networks and Statistical Models, Proceedings of the Nineteenth Annual SAS Users Group International Conference, Nisan 1994, N.C. USA.

SELİM, E., ULUCAN, A., 2008, FPGA Donanımı ve FPGA Üzerinde İşlemci Tasarımı, E.Ü. Bilgisayar Mühendisliği Bölümü Emin Hitay Konferans Salonu, 14 Kasım 2008, İvme – Momentum Fpga Topluluğu, Türkiye

STANLEY, M., PARTICIA, L., 1996, A Guide to VHDL, by Kluwer Academic Publishers

ŞAHİN, İ., 2002, A Compilation Tool for Automated Mapping of Algorithms onto FPGA Based Custom Computing Machines, Doktora Tezi, NC State University, Raleigh-USA.

ŞAHİN, İ., 2010, A 32-Bit Floating-Point Module Design for 3D Graphic Transformations, Scientific Research and Essays Vol. 5 (20), pp. 3070-3081, 18 October, 2010, Available Online at http://www.academicjournals.org/SRE, ISSN 1992-2248 ©2010 Academic Journals, Full Length Research Paper.

ŞAHİN, İ., GLOSTER, C.S., and DOSS, C., 2000, Feasibility of Floating-Point Arithmetic in Reconfigurable Computing Systems, Military and Aerospace Applications of Programmable Devices and Technology Conference, Washington, DC.

ŞAHİN, İ., GLOSTER, C.S., 2005, Evaluation of Ic Physical Design Optimization Algorithms for Acceleration Using FPGA-Based Custom Computing Machines, İleri Teknolojiler Sempozyumu, Konya.

ŞAHİN, İ., ve GLOSTER, C.S., 2005, FPGA Tabanlı CCM'ler İçin Genel Amaçlı Bir Ara yüz, Bilimde Modern Yöntemler Sempozyumu, Kocaeli.

ŞAHİN, İ., and SARITEKİN, N.K., 2016, A Data Path Design Tool for Automatically Mapping Artificial Neural Networks on to FPGA-Based Systems, J Electr Eng Technol. 11(?), 1921-1929.

SARITEKİN, N.K., ve ŞAHİN, İ., 2016, Yapay Sinir Ağlarının Otomatik Olarak Donanım Ortamında Gerçeklenmesi, SAÜ Fen Bil Der, 20.cilt, 2.sayı.

ŞEN, Z., 2004, Yapay Sinir Ağları İlkeleri, Su Vakfı, İstanbul, 9756455136.

ŞENEL, F., 2003, Beynin Gizemi [Online], Ankara-Türkiye, Bilim ve Teknik, Yeni Ufuklara, http://www.biltek.tubitak.gov.tr/bdergi/ , [Ziyaret Tarihi: 8 Nisan 2011].

TEBELKIS, J., 1995, Speech Recognition Using Neural Networks, Doctor of Philosophy Thesis, School of Computer Science Carnegie Mellon University, Pennsylvania.

TEKE, A., ÖZBARUT A., 2013, Denetim Sinyalleri Üreten İşlemciler, EMO Bilimsel Dergi, TMMOB Elektrik Mühendisleri Odası, Cilt 3, Sayı 5, Syf 1-6

UÇAR, A., 2007, Türkçe Fonemlerin Sınıflandırılmasında Kullanılan Sinir Ağının FPGA Uygulaması, Yüksek Lisans Tezi, Hacettepe Üniversitesi, Elektrik ve Elektronik Mühendisliği Anabilim Dalı, İstanbul.

UZUN, S., CANAL, M. R., KAÇAR, M. C., 2011, VHDL Programlama Dili ve Sayısal Elektronik Devrelerin FPGA Tabanlı Uygulaması, 6th International Advanced Technologies Symposium (IATS'11), 16-18 May 2011, Elazığ, Turkey

WEINSTEIN, R.K., and LEE H., 2006, Architectures for High-Performance FPGA Implementations of Neural Models, Insiıtute of Physics Publishing Journal Of Neural Engineering, 3 (2006) 21–34.

WILLERT, C., The Evolution of Programable Logic Design Technology, Xilinx Inc, 2000.

YILDIZ, Ö., 2006, Döviz Kuru Tahmininde Yapay Sinir Ağlarının Kullanımı, Yüksek Lisans Tezi, Eskişehir, Temmuz 2006.

YU, X., DENI D. Implementing Neural Networks In FPGAs, The Institution of Electrical Engineers, IEE published, 1994,.Savoy Place, London WC2R 0BL, UK.

EKLER

EK-A: ANNGEN İLE HAZIRLANAN ÖRNEK VHDL KODU 1

Aşağıda, ANNGEN ile üretilmiş birinci örneğin VHDL kodu görülmektedir. Üretilen kod çok uzun olduğundan, IP Core Generator ile üretilmiş ve bu kod'a ANNGEN tarafından dahil edilmiş FpMult8 çarpıcı ve FpAdd8 toplayıcı üniteleri ve bu çalışma kapsamında bir defa geliştirilmiş, Generic Register ile YSA 4 Pureline Normal VHDL kod parçaları kısaltılarak verilmiştir. Kısaltma yapılırken bu ünitelerin ENTITY ve ARCHITECTURE bölümleri içinden kısımlar çıkartılarak yerlerine ":" konulmuştur.

```
-------------------------------------------------------------
-- Copyright 2011 by Duzce University All rights reserved.
--
-- Design: FpMult8
-- Name   :  İbrahim Şahin-N.Kemal Sarıtekin
--
-- Date :  January 2011
-- Description:
-- Pipelined.
-------------------------------------------------------------
library IEEE;
use IEEE.STD_LOGIC_1164.ALL;
use IEEE.STD_LOGIC_ARITH.ALL;
use IEEE.STD_LOGIC_UNSIGNED.ALL;
ENTITY FpMult8 IS
    :
END FpMult8;
ARCHITECTURE Behavioral OF FpMult8 IS
:
END Behavioral;
-------------------------------------------------------------
-- Copyright 2011 by Duzce University All rights reserved.
--
-- Design: FpAdd8
-- Name   :  İbrahim Şahin-N.Kemal Sarıtekin
--
-- Date :  January 2011
-- Description:
-- Pipelined.
-------------------------------------------------------------
library IEEE;
use IEEE.STD_LOGIC_1164.ALL;
use IEEE.STD_LOGIC_ARITH.ALL;
use IEEE.STD_LOGIC_UNSIGNED.ALL;
ENTITY FpAdd8 IS
    :
END FpAdd8;
ARCHITECTURE Behavioral OF FpAdd8 IS
```

```
:
END Behavioral;
------------------------------------------------------------
-- Copyright 2011 by Duzce University All rights reserved.
--
-- Design:  Generic Register
-- Name   :   İbrahim Şahin-N.Kemal Sarıtekin
--
-- Date :    January 2011
-- Description:
-- Pipelined.
------------------------------------------------------------
library IEEE;
use IEEE.STD_LOGIC_1164.ALL;
use IEEE.STD_LOGIC_ARITH.ALL;
use IEEE.STD_LOGIC_UNSIGNED.ALL;
ENTITY RegGen IS
    :
END RegGen;
ARCHITECTURE Behavioral OF RegGen IS
    :
END Behavioral;
------------------------------------------------------------
-- Copyright 2011 by Duzce University All rights reserved.
--
-- Design:  YSA 4 PURELIN NORMAL
-- Name   :   İbrahim Şahin-N.Kemal Sarıtekin
--
-- Date :    January 2011
-- Description:
-- Pipelined.
------------------------------------------------------------
library IEEE;
use IEEE.STD_LOGIC_1164.ALL;
use IEEE.STD_LOGIC_ARITH.ALL;
use IEEE.STD_LOGIC_UNSIGNED.ALL;
entity PLIN04 is
:
end PLIN04;
architecture RTL of PLIN04 is
    :
END RTL;
--------------------------------------------
-- Company:
-- Engineer:
--
-- Create Date:-- Fri May 27 14:52:38 2011
-- Design Name:
-- Module Name:
```

```
-- Project Name:
-- Target Devices:
-- Tool versions:
-- Description:
--
-- Additional Comments:
--
--------------------------------------------
library IEEE;
use IEEE.STD_LOGIC_1164.ALL;
use IEEE.STD_LOGIC_ARITH.ALL;
use IEEE.STD_LOGIC_UNSIGNED.ALL;
ENTITY Deneme IS
	PORT (
		Clock : in STD_LOGIC;
		Reset : in STD_LOGIC;
		LConst : in STD_LOGIC;
		LVar : in STD_LOGIC;
		Dataln : in STD_LOGIC_VECTOR (31 downto 0);
		DataOutC : out STD_LOGIC_VECTOR (31 downto 0);
		DataOutV : out STD_LOGIC_VECTOR (31 downto 0);
		OUT00_out : out STD_LOGIC_VECTOR (31 downto 0);
		OUT01_out : out STD_LOGIC_VECTOR (31 downto 0)
		);
END ENTITY Deneme;
ARCHITECTURE RTL OF Deneme IS
		--Internal data flow signal
		SIGNAL S_INP00_0 : STD_LOGIC_VECTOR (31 downto 0);
		SIGNAL S_INP01_0 : STD_LOGIC_VECTOR (31 downto 0);
		SIGNAL S_INP02_0 : STD_LOGIC_VECTOR (31 downto 0);
		SIGNAL S_INP03_0 : STD_LOGIC_VECTOR (31 downto 0);
		SIGNAL S_NEU00_1 : STD_LOGIC_VECTOR (31 downto 0);
		SIGNAL S_NEU01_1 : STD_LOGIC_VECTOR (31 downto 0);
		SIGNAL S_NEU02_1 : STD_LOGIC_VECTOR (31 downto 0);
		SIGNAL S_NEU03_1 : STD_LOGIC_VECTOR (31 downto 0);
		SIGNAL S_NEU00_2 : STD_LOGIC_VECTOR (31 downto 0);
		SIGNAL S_NEU01_2 : STD_LOGIC_VECTOR (31 downto 0);
		--Init Chain "IC" signals
		SIGNAL S_NEU00_IC_1 : STD_LOGIC_VECTOR (31 downto 0);
		SIGNAL S_NEU01_IC_1 : STD_LOGIC_VECTOR (31 downto 0);
		SIGNAL S_NEU02_IC_1 : STD_LOGIC_VECTOR (31 downto 0);
		SIGNAL S_NEU03_IC_1 : STD_LOGIC_VECTOR (31 downto 0);
		SIGNAL S_NEU00_IC_2 : STD_LOGIC_VECTOR (31 downto 0);
		SIGNAL S_NEU01_IC_2 : STD_LOGIC_VECTOR (31 downto 0);
		--EnN Singal Definitions
		SIGNAL EnN_Out_1_0 : STD_LOGIC;
		SIGNAL EnN_Out_1_1 : STD_LOGIC;
		SIGNAL EnN_Out_1_2 : STD_LOGIC;
		SIGNAL EnN_Out_1_3 : STD_LOGIC;
```

```
        SIGNAL EnN_Out_2_0 : STD_LOGIC;
        SIGNAL EnN_Out_2_1 : STD_LOGIC;
        SIGNAL EnN : STD_LOGIC;
BEGIN
      EnN <= '1';
        --Register Instantiations
        I_INPUT_0: entity work.RegGen Generic Map (32) Port Map (Clock, Reset,
    LVar, Dataln, S_INP00_0);
        I_INPUT_1: entity work.RegGen Generic Map (32) Port Map (Clock, Reset,
    LVar, S_INP00_0, S_INP01_0);
        I_INPUT_2: entity work.RegGen Generic Map (32) Port Map (Clock, Reset,
    LVar, S_INP01_0, S_INP02_0);
        I_INPUT_3: entity work.RegGen Generic Map (32) Port Map (Clock, Reset,
    LVar, S_INP02_0, S_INP03_0);
        --Neurons
        --Layer No : 1
        I_NEURON_1_0: entity work.PLIN04 Port Map (Clock, Reset, LConst,
    S_INP00_0, S_INP01_0, S_INP02_0, S_INP03_0, Dataln, S_NEU00_IC_1,
    S_NEU00_1, EnN, EnN_Out_1_0);
        I_NEURON_1_1: entity work.PLIN04 Port Map (Clock, Reset, LConst,
    S_INP00_0, S_INP01_0, S_INP02_0, S_INP03_0, S_NEU00_IC_1,
    S_NEU01_IC_1, S_NEU01_1, EnN, EnN_Out_1_1);
        I_NEURON_1_2: entity work.PLIN04 Port Map (Clock, Reset, LConst,
    S_INP00_0, S_INP01_0, S_INP02_0, S_INP03_0, S_NEU01_IC_1,
    S_NEU02_IC_1, S_NEU02_1, EnN, EnN_Out_1_2);
        I_NEURON_1_3: entity work.PLIN04 Port Map (Clock, Reset, LConst,
    S_INP00_0, S_INP01_0, S_INP02_0, S_INP03_0, S_NEU02_IC_1,
    S_NEU03_IC_1, S_NEU03_1, EnN, EnN_Out_1_3);
        --Layer No : 2
        I_NEURON_2_0: entity work.PLIN04 Port Map (Clock, Reset, LConst,
    S_NEU00_1, S_NEU01_1, S_NEU02_1, S_NEU03_1, S_NEU03_IC_1,
    S_NEU00_IC_2, OUT00_out, EnN, EnN_Out_2_0);
        I_NEURON_2_1: entity work.PLIN04 Port Map (Clock, Reset, LConst,
    S_NEU00_1, S_NEU01_1, S_NEU02_1, S_NEU03_1, S_NEU00_IC_2,
    S_NEU01_IC_2, OUT01_out, EnN, EnN_Out_2_1);
END ARCHITECTURE RTL;
```

EK-B: ANNGEN İLE HAZIRLANAN ÖRNEK VHDL KODU 2

Aşağıda ANNGEN ile üretilmiş ikinci örnek VHDL kodu görülmektedir. Bu kod da yine birinci örnekte olduğu gibi kısaltılarak verilmiştir.

```
------------------------------------------------------------
-- Copyright 2011 by Duzce University, All rights reserved.
--
-- Design: FpMult8
-- Name   :İbrahim Şahin-N.Kemal Saritekin
--
-- Date :  January 2011
-- Description:
-- Pipelined.
------------------------------------------------------------
library IEEE;
use IEEE.STD_LOGIC_1164.ALL;
use IEEE.STD_LOGIC_ARITH.ALL;
use IEEE.STD_LOGIC_UNSIGNED.ALL;
ENTITY FpMult8 IS
    :
END FpMult8;
ARCHITECTURE Behavioral OF FpMult8 IS
:
END Behavioral;
------------------------------------------------------------
-- Copyright 2011 by Duzce University, All rights reserved.
--
-- Design: FpAdd8
-- Name   :İbrahim Şahin-N.Kemal Saritekin
--
-- Date :  January 2011
-- Description:
-- Pipelined.
------------------------------------------------------------
library IEEE;
use IEEE.STD_LOGIC_1164.ALL;
use IEEE.STD_LOGIC_ARITH.ALL;
use IEEE.STD_LOGIC_UNSIGNED.ALL;
ENTITY FpAdd8 IS
    :
END FpAdd8;
ARCHITECTURE Behavioral OF FpAdd8 IS
:
END Behavioral;
------------------------------------------------------------
-- Copyright 2011 by Duzce University, All rights reserved.
-- Design: Generic Register
-- Name   :İbrahim Şahin-N.Kemal Saritekin
--
```

```
-- Date :     January 2011
-- Description:
-- Pipelined.
-------------------------------------------------------------
library IEEE;
use IEEE.STD_LOGIC_1164.ALL;
use IEEE.STD_LOGIC_ARITH.ALL;
use IEEE.STD_LOGIC_UNSIGNED.ALL;
ENTITY RegGen IS
      :
END RegGen;
ARCHITECTURE Behavioral OF RegGen IS
      :
END Behavioral;
-------------------------------------------------------------
-- Copyright 2011 by Duzce University, All rights reserved.
--
-- Design:  YSA 2 PURELIN NORMAL
-- Name    :    İbrahim Şahin-N.Kemal Saritekin
--
-- Date :     January 2011
-- Description:
-- Pipelined.
-------------------------------------------------------------
library IEEE;
use IEEE.STD_LOGIC_1164.ALL;
use IEEE.STD_LOGIC_ARITH.ALL;
use IEEE.STD_LOGIC_UNSIGNED.ALL;
entity PLIN02 is
    :
end PLIN02;
architecture RTL of PLIN02 is
      :
END RTL;
-------------------------------------------------------------
-- Copyright 2011 by Duzce University, All rights reserved.
--
-- Design:  YSA 4 HARDLIMS NORMAL
-- Name    :    İbrahim Şahin-N.Kemal Saritekin
--
-- Date :     January 2011
-- Description:
-- Pipelined.
-------------------------------------------------------------
library IEEE;
use IEEE.STD_LOGIC_1164.ALL;
use IEEE.STD_LOGIC_ARITH.ALL;
use IEEE.STD_LOGIC_UNSIGNED.ALL;
entity HLMS04 is
```

```
    :
end HLMS04;
architecture RTL of HLMS04 is
    :
END RTL;
--------------------------------------------
-- Company:
-- Engineer:
--
-- Create Date:-- Thu Jun 09 00:26:00 2011
-- Design Name:
-- Module Name:
-- Project Name:
-- Target Devices:
-- Tool versions:
-- Description:
--
-- Additional Comments:
--
--------------------------------------------
library IEEE;
use IEEE.STD_LOGIC_1164.ALL;
use IEEE.STD_LOGIC_ARITH.ALL;
use IEEE.STD_LOGIC_UNSIGNED.ALL;
ENTITY Deneme1 IS
        PORT (
                Clock : in STD_LOGIC;
                Reset : in STD_LOGIC;
                LConst : in STD_LOGIC;
                LVar : in STD_LOGIC;
                Dataln : in STD_LOGIC_VECTOR (31 downto 0);
                DataOutC : out STD_LOGIC_VECTOR (31 downto 0);
                DataOutV : out STD_LOGIC_VECTOR (31 downto 0);
                OUT00_out : out STD_LOGIC_VECTOR (31 downto 0)
                );
END ENTITY Deneme1;
ARCHITECTURE RTL OF Deneme IS
                --Internal data flow signal
                SIGNAL S_INP00_0 : STD_LOGIC_VECTOR (31 downto 0);
                SIGNAL S_INP01_0 : STD_LOGIC_VECTOR (31 downto 0);
                SIGNAL S_NEU00_1 : STD_LOGIC_VECTOR (31 downto 0);
                SIGNAL S_NEU01_1 : STD_LOGIC_VECTOR (31 downto 0);
                SIGNAL S_NEU02_1 : STD_LOGIC_VECTOR (31 downto 0);
                SIGNAL S_NEU03_1 : STD_LOGIC_VECTOR (31 downto 0);
                SIGNAL S_NEU00_2 : STD_LOGIC_VECTOR (31 downto 0);
                SIGNAL S_NEU01_2 : STD_LOGIC_VECTOR (31 downto 0);
                SIGNAL S_NEU00_3 : STD_LOGIC_VECTOR (31 downto 0);
                --Init Chain "IC" signals
                SIGNAL S_NEU00_IC_1 : STD_LOGIC_VECTOR (31 downto 0);
```

```
        SIGNAL S_NEU01_IC_1 : STD_LOGIC_VECTOR (31 downto 0);
        SIGNAL S_NEU02_IC_1 : STD_LOGIC_VECTOR (31 downto 0);
        SIGNAL S_NEU03_IC_1 : STD_LOGIC_VECTOR (31 downto 0);
        SIGNAL S_NEU00_IC_2 : STD_LOGIC_VECTOR (31 downto 0);
        SIGNAL S_NEU01_IC_2 : STD_LOGIC_VECTOR (31 downto 0);
        SIGNAL S_NEU00_IC_3 : STD_LOGIC_VECTOR (31 downto 0);
        --EnN Singal Definitions
        SIGNAL EnN_Out_1_0 : STD_LOGIC;
        SIGNAL EnN_Out_1_1 : STD_LOGIC;
        SIGNAL EnN_Out_1_2 : STD_LOGIC;
        SIGNAL EnN_Out_1_3 : STD_LOGIC;
        SIGNAL EnN_Out_2_0 : STD_LOGIC;
        SIGNAL EnN_Out_2_1 : STD_LOGIC;
        SIGNAL EnN_Out_3_0 : STD_LOGIC;
        SIGNAL EnN : STD_LOGIC;
BEGIN
      EnN <= '1';
        --Register Instantiations
        I_INPUT_0: entity work.RegGen Generic Map (32) Port Map (Clock, Reset,
    LVar, Dataln, S_INP00_0);
        I_INPUT_1: entity work.RegGen Generic Map (32) Port Map (Clock, Reset,
    LVar, S_INP00_0, S_INP01_0);
        --Neurons
        --Layer No : 1
        I_NEURON_1_0: entity work.PLIN02 Port Map (Clock, Reset, LConst,
    S_INP00_0, S_INP01_0, Dataln, S_NEU00_IC_1, S_NEU00_1, EnN,
    EnN_Out_1_0);
        I_NEURON_1_1: entity work.PLIN02 Port Map (Clock, Reset, LConst,
    S_INP00_0, S_INP01_0, S_NEU00_IC_1, S_NEU01_IC_1, S_NEU01_1, EnN,
    EnN_Out_1_1);
        I_NEURON_1_2: entity work.PLIN02 Port Map (Clock, Reset, LConst,
    S_INP00_0, S_INP01_0, S_NEU01_IC_1, S_NEU02_IC_1, S_NEU02_1, EnN,
    EnN_Out_1_2);
        I_NEURON_1_3: entity work.PLIN02 Port Map (Clock, Reset, LConst,
    S_INP00_0, S_INP01_0, S_NEU02_IC_1, S_NEU03_IC_1, S_NEU03_1, EnN,
    EnN_Out_1_3);
        --Layer No : 2
        I_NEURON_2_0: entity work.HLMS04 Port Map (Clock, Reset, LConst,
    S_NEU00_1, S_NEU01_1, S_NEU02_1, S_NEU03_1, S_NEU03_IC_1,
    S_NEU00_IC_2, S_NEU00_2, EnN, EnN_Out_2_0);
        I_NEURON_2_1: entity work.HLMS04 Port Map (Clock, Reset, LConst,
    S_NEU00_1, S_NEU01_1, S_NEU02_1, S_NEU03_1, S_NEU00_IC_2,
    S_NEU01_IC_2, S_NEU01_2, EnN, EnN_Out_2_1);
        --Layer No : 3
        I_NEURON_3_0: entity work.PLIN02 Port Map (Clock, Reset, LConst,
    S_NEU00_2, S_NEU01_2, S_NEU01_IC_2, S_NEU00_IC_3, OUT00_out, EnN,
    EnN_Out_3_0);

END ARCHITECTURE RTL;
```

NOT: Bu kitap Dr.Namık Kemal SARITEKİN'in "Yapay Sinir Ağlarının Otomatik Olarak FPGA'ya Uygulanması İçin Veri Yolu Tasarım Aracı" adlı yüksek lisans tezi referans alınarak yazılmıştır.

More Books!

yes

I want morebooks!

Buy your books fast and straightforward online - at one of the world's fastest growing online book stores! Environmentally sound due to Print-on-Demand technologies.

Buy your books online at

www.get-morebooks.com

Kaufen Sie Ihre Bücher schnell und unkompliziert online – auf einer der am schnellsten wachsenden Buchhandelsplattformen weltweit!
Dank Print-On-Demand umwelt- und ressourcenschonend produziert.

Bücher schneller online kaufen

www.morebooks.de

OmniScriptum Marketing DEU GmbH
Heinrich-Böcking-Str. 6-8
D - 66121 Saarbrücken
Telefax: +49 681 93 81 567-9

info@omniscriptum.com
www.omniscriptum.com

OMNIScriptum

FSC
www.fsc.org
MIX
Papier | Fördert
gute Waldnutzung
FSC® C083411

Kolibri 360 GmbH
Ferdinand-Jühlke-Straße 7
99095 Erfurt, Deutschland
produktsicherheit@kolibri360.de

Druck:
CPI Druckdienstleistungen GmbH
im Auftrag der
Kolibri 360 GmbH
Ferdinand-Jühlke-Str. 7
99095 Erfurt